Sucesso em Vendas

Marcelo Ortega

Sucesso em Vendas

7 FUNDAMENTOS PARA O SUCESSO

5ª edição

gen | Benvirá

- O autor e a editora se empenharam para citar adequadamente e dar o devido crédito a todos os detentores de direitos autorais de qualquer material utilizado neste livro, dispondo-se a possíveis acertos posteriores caso, inadvertida e involuntariamente, a identificação de algum deles tenha sido omitida.

- Data do fechamento do livro: 29/08/2025.

Publicada pelo selo **Benvirá**
Uma editora integrante do GEN | Grupo Editorial Nacional
Travessa do Ouvidor, 11
Rio de Janeiro – RJ – 20040-040
www.grupogen.com.br

- **Atendimento ao cliente: (11) 5080-0751 | faleconosco@grupogen.com.br**

- Capa: Tiago Fabiano Dela Rosa
- Preparação de originais: Valesca Reichelt

- **DACIP-BRASIL. CATALOGAÇÃO NA PUBLICAÇÃO**
- **SINDICATO NACIONAL DOS EDITORES DE LIVROS, RJ**

O88s
5. ed.

Ortega, Marcelo
Sucesso em vendas : 7 fundamentos para o sucesso / Marcelo Ortega. – 5. ed. – Rio de Janeiro : Benvirá, 2025.
14 x 21 cm

ISBN 978-65-5810-364-6

1. Vendas. 2. Vendas – Administração. 3. Sucesso nos negócios. I. Título.

CDD 658.81
25-99986.1 CDU 658.811

Carla Rosa Martins Gonçalves – Bibliotecária – CRB-7/4782

Agradecimentos

Quero que todos os profissionais de vendas com quem trabalhei, convivi e que passaram por meus treinamentos e palestras, compartilhando comigo suas experiências, e todos os profissionais colegas palestrantes e treinadores sintam-se abraçados e saibam que contribuíram muito para este livro.

Quero agradecer, em primeiro lugar, a Deus, por me ajudar a ser quem sou e por me dar saúde e trabalho para ter o que tenho e fazer o que faço com tanto entusiasmo.

Quero muito especialmente dizer "obrigado" à minha família toda, em especial minha mãe, dona Izilda, por seu carinho e pelas palavras certas na hora certa, meus irmãos e sobrinhos, que me enchem de alegria e força. Agradeço ao meu filhão, Lorenzo Chiari Ortega, por ser esse rapaz incrível que me motiva e me dá o mais sincero amor que eu posso ter. Ao meu pai, Sr. Ortega, pelos ensinamentos e pelo profundo amor que tivemos (*in memoriam*).

E obrigado a você que comprou este livro, fiz mais uma venda. Use sem moderação e tenha muito Sucesso em Vendas!

Marcelo Ortega

Prefácio

Quase ninguém lê prefácio. Se você leu até aqui, grato pela atenção. Melhor ainda se ler até o fim, porque você deve ter percebido que este é um prefácio bem curto. Isto porque o importante aqui é o livro e o seu autor.

Conheço o Marcelo há vários anos e sempre vi nele um jovem estudioso, com espírito aberto para aprender sempre. Este seu primeiro livro, que ele lançou aos 30 anos de idade, é obra de fôlego, que lhe consumiu alguns anos – e só quem se mete a escrever um livro sabe a mão de obra que dá. Se ele aguentou o desafio e concluiu o alentado trabalho que você tem em mãos, é porque não se contenta com ideias superficiais. Gosta de ir fundo nos conhecimentos e nas práticas de sua profissão.

Não é por acaso que, na sua jovem carreira profissional de vendas, já atuou como vendedor, supervisor, gerente e diretor comercial de empresas, acumulando prestígio e credibilidade de mercado. Só que ele não para por aí. Seu espírito empreendedor deverá nos surpreender em breve com projetos importantes na área de Vendas.

Vendedor "nato", enfrenta e vence as dificuldades da profissão com seu estilo comunicativo, aplicando muito bem suas analogias ao dia a dia. Dessa forma, consegue transmitir conteúdo técnico em palestras leves e descontraídas. Como fez agora também com este livro, que merece um prefácio curto para que você comece logo a ler as páginas que se seguem.

Prof. Gretz

(Autor dos livros *É óbvio* e *A força do entusiasmo*, entre outros).

Sumário

Introdução

O que mais se busca na empresa é o sucesso em vendas. A área considerada o "motor" do negócio nunca pode parar, e a competição só faz aumentar a necessidade de ter modelos inovadores que deem resultados. O que os profissionais de vendas devem é se educar cada dia mais para cumprir um papel vital no mercado: vender mais e melhor.

Os desafios comuns são: falta de motivação, preparação e foco no resultado; e as habilidades que devemos possuir para ter sucesso não são mais as mesmas de anos atrás. O vendedor hoje deve ser empreendedor, visionário, estrategista, organizado, criativo ao extremo, motivado e líder. Como conquistar tanta maturidade profissional nessa escassa oferta de conteúdo e prática disponível para aprendizagem constante?

A maioria dos que buscam treinamento de vendas, liderança, negociação e gestão em vendas quer respostas e está cansada de ouvir sempre as mesmas coisas motivacionais e pouco práticas. As ofensivas da empresa quanto à motivação duram muito pouco, e os investimentos são perdidos rapidamente.

É preciso dar essas respostas, e por isso escrevi este livro, pensando nas melhores práticas e métodos que uso há muito anos, adaptando-os a cada venda ou cliente, mas que são, de fato, os principais fundamentos para qualquer tipo de venda.

A ideia do livro é levar você principalmente à profunda reflexão e aplicação dos conceitos, pois vender é uma arte muito antiga, mas existem muitas maneiras de fazer a venda que talvez você ainda não tenha pensado ou considerado importantes.

Tornar-se consciente dos sete fundamentos para vender e negociar com sucesso o fará ter a certeza de seu potencial e do importante papel que nós, vendedores, temos nas organizações.

Nesta edição, você encontrará ferramentas importantes, como as 49 dicas vendedoras e a dica de ouro, que reforçam as atitudes e os comportamentos que definem o sucesso em vendas. Também encontrará muitos artigos para melhorar ainda mais suas ideias e seus conceitos sobre tudo aquilo que considero essencial em vendas, do início ao fim. Além disso, você lerá neste livro importantes atualizações para refletir as transformações do mercado comercial e as inovações tecnológicas que moldam as estratégias de vendas nesta década de 20.

Esta obra traz algumas novidades fundamentais para a atuação do vendedor contemporâneo, como o uso de Inteligência Artificial no mundo comercial e o papel das redes sociais como alavancas para o sucesso em vendas. Também introduzimos atividades práticas ao final de cada fundamento para que você possa aplicar os conceitos imediatamente, fortalecendo seu aprendizado e vinculando com as práticas que você vivencia cotidianamente no mercado.

Todos nós podemos perceber que as tecnologias avançaram muito – e rapidamente! Os clientes também alteraram seu comportamento, provocando uma transformação grandiosa no cenário de vendas atual. Nos dias de hoje, ferramentas como WhatsApp Business, sistemas de CRM (Customer Relationship Management – Gerenciamento do Relacionamento com os Clientes) integrados às redes sociais e plataformas de automação são indispensáveis para o sucesso em vendas.

Por isso detalhei melhor nesta edição como as redes sociais mudaram o comportamento do consumidor nos últimos anos, trazendo estratégias modernas de engajamento, uso de gatilhos mentais, análise de métricas digitais e tantas outras novidades permitidas pela tecnologia.

Podemos citar alguns exemplos sobre como as empresas estão utilizando estratégias que combinam redes sociais e inteligência artificial para personalizar o atendimento e prever o comportamento do cliente. Veja algumas possibilidades:

- Instagram: páginas empresariais oferecem links diretos para compras e interações em tempo real com seguidores;
- WhatsApp Business: catálogos digitais e mensagens automatizadas estão facilitando e trazendo novas perspectivas em vendas;
- Vídeos rápidos: utilizados no Tik Tok ou em Reels do Instagram, caracterizam-se como uma estratégia de conteúdo atraente, poderosa na captação de leads e fortalecimento do engajamento.

Sem dúvidas, é notório que a Inteligência Artificial (IA) está transformando as atividades de vendas em lojas, call centers, farmácias, seguradoras, bancos e outros negócios das mais diversas áreas. Nesta nova edição, apresento casos reais de empresas que já utilizam essas tecnologias para personalizar experiências, automatizar processos e melhorar os resultados.

Um caso de sucesso: recentemente, o Magazine Luiza adotou campanhas personalizadas no WhatsApp, integradas com a inteligência artificial do seu CRM, para abordar clientes com ofertas baseadas em histórico de compras. A estratégia se revelou um sucesso durante a Black Friday, aumentando a taxa de conversão em nada menos do que 35%!

Tenho convicção que esta edição está ainda mais alinhada às necessidades dos vendedores que atuam no mercado atual, proporcionando ensinamentos práticos e inspiradores para alcançar o sucesso em vendas neste novo cenário digital e altamente competitivo.

Quero que você se motive com as novas habilidades que poderá desenvolver utilizando todas as técnicas de vendas, comunicação e negociação que serão apresentadas e, depois de tudo isso, não pare mais de se renovar para que essa profissão ainda tão informal tenha o sentido e o respeito que tanto merece. Sempre estamos vendendo: nossa imagem, nossas ideias, nosso trabalho, nossas opiniões, nossos produtos, nossos serviços. Eu serei sempre vendedor. E você?

Aproveite cada ideia e use este livro sem moderação. Sucesso!

VOCÊ SE CONSIDERA UM VENDEDOR?

Muita gente não se dá conta de que é preciso saber vender para competir e vencer no mundo corporativo. As empresas cada dia mais buscam profissionais que, independentemente da área em que atuem, sejam capazes de contribuir com a cadeia ou processo de vendas.

Um profissional que trabalha no setor financeiro, administrativo ou técnico, mas que lide com clientes em algum contexto, tem de vender ideais, precisa ter habilidades de negociação e comunicação eficazes, pois pode fazer o cliente mudar para o concorrente se não as tiver.

O mau atendimento é responsável por quase 70% dos motivos de perda de um cliente.

Agora, quem é profissional liberal, médico, advogado e contador sabe que não pode deixar por menos, precisa ser um supervendedor para atrair e reter clientes, que não toleram mais imposições ou maus-tratos.

O consumidor é muito mais seletivo atualmente do que no passado.

O que vale mesmo é que nós, vendedores, que usamos o título como profissão ou não, tenhamos a certeza de que VENDA não é departamento, mas um comportamento!

1

ASPECTOS GERAIS PARA O SUCESSO EM VENDAS

"A maior parte das pessoas é tão feliz quanto resolve ser."

ABRAHAM LINCOLN

Orgulho de ser vendedor – uma profissão nobre

Uma profissão milenar, um estilo diferente de viver – muitos desafios e sonhos regem a vida de um vendedor. Com mais de vinte anos em vendas, hoje posso ver o quanto essa profissão é grandiosa e presente em cada tipo de mercado ou negócio. Nenhum negócio existe sem a venda, mesmo que seja a venda de ideias.

Conheci diferentes profissionais, discretos e excêntricos, metódicos e informais, singelos e espalhafatosos, e em cada um pude notar a necessidade de saber vender seus diferentes produtos, serviços e ideias. Um mundo em constante movimento e transformação exige atualização contínua e novos conhecimentos, habilidades e atitudes. Uma profissão tão antiga, que também se transformou com o passar dos anos, deve ser considerada nobre e com uma particularidade: mantém seus fundamentos e princípios, que não se perderam com o passar do tempo.

Como negar que, na arte de vender, muitas características permanecem intactas, como habilidades em comunicação e relacionamento e características como paciência e persistência? Características que são fundamentais para cada vendedor. Na realidade, todos os profissionais são vendedores em algum contexto, mesmo que não seja de profissão. Os ensinamentos dos grandes vendedores servem àqueles que querem prosperar nos negócios e, por que não dizer, na vida.

Tenho percebido que muitas empresas estão abandonando a palavra "vendedor" dos cartões de visita e até das descrições de cargos. O velho e tradicional vendedor tem sido chamado de consultor, gerente de contas, gerente de negócios, *trademarketing* e assim por diante. Não compreendo esse preconceito contra a atividade de vendas, que, afinal, é a principal atividade da empresa, que se não vender não captará recursos e simplesmente deixará de existir.

Um dos livros mais importantes de vendas, que relata a história de um ex-jogador de beisebol, retrata bem o que acabo de dizer. *Do fracasso ao sucesso em vendas*, de Frank Bettger, é um livro escrito há mais de meio século, e quem lê sobre a vida e a obra desse que foi um dos maiores vendedores de todos os tempos ainda hoje aprende, se emociona e admite que se trata de um conteúdo atual. Qual outra profissão ou área profissional tem o mesmo privilégio? Um livro de medicina, direito ou engenharia escrito há tanto tempo não seria condizente com a atualidade para os profissionais da área.

Claro que os consumidores mudaram, e os vendedores também. Na era que chamamos de "era do conhecimento", é preciso ainda mais ter preparação e foco, como Bettger e tantos outros hábeis vendedores tinham. Mas o mais importante é que as respostas que tanto procuramos estão bem à nossa frente, nos livros, nas conversas com clientes, na experiência dos mais velhos e nos casos de sucesso que temos no Brasil e no mundo. É preciso querer dar certo, ter determinação e, principalmente, se orgulhar de ser vendedor ou vendedora.

O orgulho a que me refiro é este que eu sinto, de ser e viver dessa profissão "perigo", por tudo o que ela nos dá e por ser tão completa. Mostre-me um bom vendedor, e eu garanto que se trata de um profissional com qualidades úteis a diversas outras áreas: comunicação, relacionamento, criatividade, planejamento e muitas outras.

Este livro falará sobre essas e outras habilidades e qualidades para vender com sucesso e, assim, ter orgulho de ser vendedor.

A importância da motivação em vendas

Não existe sucesso em vendas sem motivação. Aliás, um vendedor sem motivação dificilmente resiste aos desafios e consegue se orgulhar de seus resultados. Mais e mais barreiras surgem à frente de quem quer vender sem entusiasmo e determinação, parecendo que a negativa do cliente é a única certeza. Existem vendedores que explicam demais e usam sua criatividade para justificar por que não vendem. Tem gente que se coloca na posição de demissível e serve apenas para contaminar a equipe de vendas inteira.

Não é possível tolerar alguém que se propõe a trabalhar em vendas e vive desanimado, falando mal da empresa ou colocando culpa na crise, no produto, no cliente. Vamos refletir por que isso acontece: no primeiro dia de trabalho, normalmente o vendedor está supermotivado e tem convicção de que conseguirá realizar muitas vendas. Sua força de vontade é relativa à sua exclusiva condição de aumentar seu salário; aliás, um bom salário, dependendo de quanto o vendedor pode ganhar em comissões. Quando começa e encontra negativas e dificuldades para vender, certamente encontrará outros vendedores com a mesma problemática, e daí começa o processo de desmotivação.

Sempre tem alguém com mais tempo de empresa ou de mercado que se coloca na posição de falar mal, explicar por que não vende. Se você é o vendedor no primeiro dia de trabalho e está muito motivado, tem grandes chances de ouvir de outro vendedor com mais tempo de empresa o seguinte: "Calma, não se empolgue tanto; nessa empresa as coisas não são tão boas assim". Eu chamo quem faz esse tipo de comentário de "vampiro da motivação", pois ele suga sua energia, e pode ter certeza de que esse tipo de pessoa existe em quase todas as empresas.

Depois de algum tempo, o ritmo do vendedor que começou a trabalhar recentemente na empresa cai naturalmente. É até normal, pois existe muita euforia no início. Euforia, porém, é o excesso de entusiasmo, e todo excesso é prejudicial. Mas o entusiasmo é fundamental em vendas e deve ser mantido em bom nível. Se o seu entusiasmo é constante, dificilmente esses "vampiros da motivação" têm sucesso. Se não é constante, você se junta a eles. Já notaram no cafezinho, quando há vendedores reunidos? Eles normalmente estão lamentando sobre as vendas perdidas ou falando mal de alguma coisa. Não é sempre, mas arrisco dizer que é o que acontece em 90% dos casos. Isso existe porque vendedores não têm o hábito de, no cafezinho ou em qualquer outro momento, se reunir para contar coisas boas e revelar uns aos outros o segredo dos seus sucessos.

Você já viu um vendedor virar para outro e narrar como fez para conquistar um novo cliente? Se já viu, incentive-o a continuar assim, pois bons vendedores são confiantes e têm essa capacidade de compartilhar seus segredos e suas habilidades. A motivação é o resultado do seu entusiasmo. *Entusiasmo* é uma palavra que vem do idioma grego e significa "Deus dentro de você" ou "Sopro divino". Se vem de dentro, não pode ser gerado pelos outros. Ninguém pode te motivar, e você não pode motivar ninguém. Podemos, sim, criar um clima propício à motivação, como contar histórias de sucesso, os segredos e as artimanhas para fazer uma venda. Quem ouve pode se motivar com isso. Quando escutamos justificativas por não vender ou reclamações, podemos nos desmotivar.

Quem tem entusiasmo tem o mais importante para a motivação e para o sucesso em vendas.

O PIOR VENDEDOR DO MUNDO

Um dos melhores e mais famosos livros de vendas é *O maior vendedor do mundo*, de Og Mandino. Mas apresentarei aqui as características opostas que formam o PIOR VENDEDOR DO MUNDO. Se você conhecer alguém que as tenha, evite conviver com essa pessoa, pois esse negócio contamina. O pior será se você se identificar com o que direi, aí terá que mudar sua atitude e seu comportamento rapidamente, e isso é mesmo um desafio, pois, quando a mudança é consigo mesmo, sempre existem resistência, desconforto, retórica. Mas quero deixar claro que é importante refletir se é preciso mudar coisas em seu comportamento — eu também preciso, todos precisam.

Vamos ver quem é o pior vendedor do mundo:

- Aquele que vende para dentro da empresa, explicando a seu chefe por que ele não vendeu.
- Aquele que reclama de pelo menos um cliente por dia, reclama da empresa, reclama sempre de algo.
- Aquele que para de aprender, de estudar, de se renovar e acha que sabe tudo.
- Aquele que torna sua empresa refém de falsos negócios, de clientes que não existem.

E, principalmente, aquele que nunca reconhece seus erros e evita ouvir críticas.

Reflita, avalie como mudar e seja um SUCESSO EM VENDAS.

Vender e negociar: habilidades que são desenvolvidas

Muitas pessoas não se dizem vendedoras, e outras têm medo de assumir esse papel. É certo que, no Brasil, vendedor é uma profissão discriminada que tem conotação até negativa. Algo do tipo: se está desempregado, vai vender alguma coisinha, é o que alguém logo diz. Mas esses tabus, como o de que vender não requer preparo e deve ser feito por quem leva jeito, o bonachão que sabe enrolar os outros, já são coisa do passado. Pelo menos devem ser para você, que é vendedor ou vendedora.

É preciso assumir o seu papel e ter noção de sua importância na empresa e no mercado de trabalho. Sobretudo, é importante que cada profissional de vendas se dê o devido respeito, para começar a ser respeitado pelos outros, encarando valores como os da ética, do comprometimento e da seriedade, que são vitais à profissão. Sem falsa modéstia, eu acredito que vender e negociar são talentos que todos devem ter, e quem os tem se sobressai em qualquer situação, seja nos negócios, seja em uma entrevista de emprego, no casamento ou na vida.

Claro que existem algumas pessoas que têm muito mais jeito para vender do que outras, e algumas jamais se tornarão profissionais da área. Mas a velha crença de que o vendedor nasce pronto já caiu por terra. Não acredito que todos possam se desenvolver, mas acredito que todo ser humano pode se moldar àquilo que quer ser; aliás, essa frase é de Frank Bettger. Eu acredito tanto nisso que faço isso há muito tempo, treinando pessoas para que se tornem excelentes profissionais de vendas ou empresários vendedores, ou administradores de empresas vendedores etc. Se você quer ingressar na área ou se aprimorar como vendedor, deve querer muito e se doar à aprendizagem e à disciplina que essa área exige. Deve ter entusiasmo como base e coragem para enfrentar a ansiedade peculiar em vendas, pelo fato de que existe pressão, metas e objetivos.

É muito prazeroso, porém, atingir os resultados e ser bom ao se relacionar e persuadir clientes. Jamais encare vender como enganação ao outro, pois vendedores profissionais não levam vantagem e sabem que, se o fizerem, será apenas uma vez. Vendedores profissionais focam em fazer o cliente atingir o que ele deseja e se colocam ao lado do cliente, como se o desejo fosse dos vendedores também.

Quem diz que o vendedor nasce pronto não conhece muitas das pessoas que eu vi se transformarem, em meus treinamentos, porque tinham muita vontade de conseguir vender e negociar muito bem.

Este livro irá propor técnicas e ideias e dará exemplos práticos de como vender e negociar, de maneira eficaz, e principalmente fará você sentir vontade de aplicar os conceitos abordados, pela facilidade e pela clareza com que eles podem ser aplicados no seu dia a dia em vendas. A aplicação é o que realmente fará com que você desenvolva novas habilidades, pois do contrário será mais um livro de vendas que você leu e guardou para ficar pegando pó. Pense nisso e faça bom proveito dos fundamentos para o sucesso em vendas que vêm a seguir.

2

OS FUNDAMENTOS EM VENDAS E NEGOCIAÇÃO

Este capítulo é o coração deste livro. Nele você aprenderá como funciona o processo de vendas e quais são os sete fundamentos essenciais para se tornar um profissional de vendas realizado, sempre alcançando a meta de ter sucesso em vendas!

O processo de vendas – Como os fundamentos interagem entre si

Assim como outros importantes processos organizacionais, as vendas também passam por uma série de etapas, que, se realizadas corretamente e com entusiasmo, levarão a um resultado bastante positivo. A figura abaixo retrata os fundamentos para o sucesso em vendas:

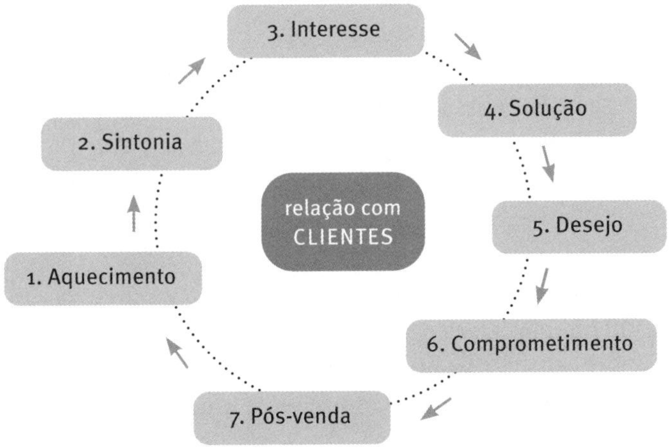

Figura 2.1 Fundamentos para o sucesso em vendas

O processo de vendas começa com uma preparação que chamaremos de aquecimento, que se move em direção à sintonia (ou afinidade). Depois vem o interesse, seguido de solução, desejo, comprometimento e, por fim, pós-venda, sendo que tudo gira em torno de uma boa relação com o cliente. Lembre-se: esse é um processo contínuo, que se renova o tempo todo; seus elementos aparecem constantemente nas vendas. Isso quer dizer que, quando você atinge a última etapa do Processo de Vendas, o seu trabalho não acabou, muito pelo contrário!

Cada uma dessas etapas representa um dos Fundamentos em Vendas e Negociação. Portanto, temos:

1. **Aquecimento**
   Nesta etapa você aprenderá a construir seus próprios objetivos e a administrar seu tempo para alcançá-los eficazmente. Além disso, você deverá compreender a importância vital de identificar as novas oportunidades nos negócios e mapeá-las de forma qualificada.

2. **Sintonia**
   Nesta etapa mostrarei a importância de criar empatia entre o vendedor e seu cliente, e como o vendedor deve agir para cativar as pessoas e gerar afinidade. A afinidade desfaz barreiras de relacionamento e potencializa grande parte da venda, levando as pessoas a sentir prazer em estar comprando.

3. **Interesse**
   Esta é a etapa em que você deverá ajudar seus clientes a obter uma ideia mais clara de suas próprias necessidades e fazê-los desenvolver interesse pelo seu produto ou serviço. Para isso, é importante estabelecer a diferença entre interesse primário, critérios de compra, requisitos acessórios e desejo nunca aparente.

4. Solução
   Nesta fase do processo de venda, já sabemos de algumas informações importantes sobre as necessidades, sobre os interesses e, mais importante, sobre o desejo nunca aparente do cliente. A fase da solução é a oportunidade para orientar nossa apresentação de modo que atenda à necessidade do cliente.

5. Desejo
   Esse é o momento de lidar com as objeções dos clientes, que nem sempre são racionais. Com frequência, elas são de ordem emocional, e devemos responder às necessidades emocionais de nossos clientes, superando ao mesmo tempo os obstáculos que os impedem de comprar.

6. Comprometimento
   Nesta etapa você aprenderá a usar relações humanas para motivar comprometimentos de compra. Um relacionamento de sucesso com um cliente é construído sobre comprometimentos progressivos. Os profissionais de vendas devem aprender a motivar e não manipular. Um cliente que acaba de fechar um negócio está motivado a indicar outros potenciais compradores, pois quer que mais pessoas e empresas tenham o que ele acaba de adquirir. É assim quando compramos algo: logo queremos mostrar e indicar para outras pessoas. Assim, o melhor momento para pedir indicações é o do fechamento da venda, ou do comprometimento de compra.

7. Pós-venda
   Este é o momento de o vendedor preocupar-se com a manutenção do cliente, focando no relacionamento duradouro e de confiança. Um cliente só deve ser de fato considerado cliente quando comprar mais de uma vez. É responsabilidade do vendedor acompanhá-lo após a venda, checando se ele atingiu o que esperava com a compra de determinado produto, serviço

ou ideia. Um cliente insatisfeito com o vendedor no pós-venda pode ficar enfurecido e trazer problemas diversos. Muitos problemas que ocorrem após a venda, se forem acompanhados pelo vendedor, se tornam menores e compreensíveis ao cliente. Afinal, problemas acontecem. O que não se pode tolerar é que um vendedor que foi persistente e presente durante toda a venda se omita no momento em que o cliente mais quer tê-lo ao seu lado, seja para comemorar, seja para reclamar, não importa, o relacionamento é fundamental. O melhor momento para pedir uma indicação é no fechamento do negócio, mas muitas vezes o cliente deixa para dar indicações de outros possíveis compradores depois da compra, quando lhe vêm à cabeça nomes possíveis que talvez não tenham lhe ocorrido no momento do fechamento. Essa é mais uma razão para acompanhar o cliente no pós-venda.

Repito: esse não é, entretanto, um processo com etapas isoladas. Você está preparando as outras etapas ao longo de toda a venda. Você deve determinar os interesses do consumidor por meio de pesquisa e preparação constante. Use a sua sensibilidade! Tudo o que você fizer deve motivar o cliente a comprar. Os profissionais de venda bem-sucedidos estão sempre procurando e construindo soluções adequadas para seus clientes.

Em breve, detalharemos com maior profundidade os sete fundamentos em vendas e negociação apresentados anteriormente, para que você consiga torná-los parte da sua vida. Essas soluções estão sendo ainda mais viáveis e potencializadas através das novas tecnologias; por isso, agora, quero entrar em assuntos que impactaram e impactarão nossas vidas de forma crescente.

É fundamental estar aberto e atento a essas novidades do mercado, que podem contribuir de forma muito significativa para o sucesso em vendas!

Redes sociais e inteligências artificiais (IAs)

Neste momento falaremos um pouco sobre como estas novas tecnologias que ingressaram no mercado estão transformando a atuação dos profissionais de vendas de uma maneira bastante significativa: é importante se atualizar, se adaptar a essas novas realidades, para continuar vendendo cada vez mais e melhor!

Neste contexto, pergunto: como você está encarando estas tecnologias no seu dia a dia? Se beneficiando das facilidades que elas nos proporcionam? Ou ainda está vivendo no século XX, ignorando que o mundo nunca mais será como antes? A verdade é que para vender não basta mais ter um marketing tradicional e vendedores atendentes que esperam ou visitam clientes. É preciso mais do que isso, mas a boa notícia é que as ferramentas tecnológicas estão todas aí, à nossa disposição!

Não podemos mais pensar como no século passado. O digital veio para ficar e as inovações tecnológicas estão revolucionando o mundo dos negócios. Para quem viveu um mundo sem internet, como eu, é realmente uma revolução. Somos adultos inéditos e temos que ser aderentes a tudo que for inovador, aprendendo a potencializar nossas empresas e negócios com uso de ferramentas para a inteligência e o sucesso em vendas.

A revolução da IA no mundo comercial

O avanço da inteligência artificial vem redefinindo o panorama comercial em velocidade sem precedentes. O que antes parecia ficção científica, agora é uma realidade que está transformando as abordagens de vendas, o comportamento dos consumidores e os resultados das empresas. Mas como vendedores e organizações estão aproveitando o poder da IA para inovar e ganhar competitividade?

Quero que neste momento do livro, você reflita sobre a sua atuação no mercado e encontre respostas sobre como evoluir cada vez mais, explorando as principais aplicações da IA e como você pode utilizá-las para alcançar o sucesso em vendas. Com exemplos práticos e casos reais, vamos explorar como essa tecnologia está sendo integrada no agronegócio, varejo, setor farmacêutico, alimentos, fintechs, bancos e tantos outros segmentos do mercado!

A inteligência artificial é um componente que aumentou muito a inteligência em vendas. Se antes os vendedores confiavam apenas em sua intuição, hoje eles podem contar com dados precisos e insights gerados por ferramentas de IA para tomar decisões mais efetivas. Veja algumas aplicações de IA que podem transformar a atuação dos profissionais em vendas:

Análise preditiva

A análise preditiva é utilizada pela IA para identificar padrões nos dados históricos de clientes, e com isso prever comportamentos futuros. Empresas virtuais de varejo, como a Amazon, utilizam essa tecnologia para sugerir produtos que o cliente provavelmente comprará. Como vendedores, podemos aplicar a mesma lógica ao personalizar ofertas para nossos clientes, aumentando a chance de conversão.

Exemplo real: uma fintech brasileira usou IA para analisar dados de clientes e oferecer produtos financeiros específicos no momento certo. Com isso, aumentou em 30% o índice de aceitação de propostas.

Automação de tarefas repetitivas

Softwares de inteligência artificial como o ChatGPT, Gemini ou Copilot ajudam vendedores a criar propostas, e-mails e até roteiros de vendas. Isso economiza tempo, permitindo que possamos focar no que realmente importa: construir relacionamentos.

Chatbots inteligentes

São assistentes virtuais que fazem um trabalho pré-vendas, ajudando os vendedores com dúvidas iniciais dos clientes. Estão sendo utilizadas nos mais diversos setores, geralmente através de um botão ou link no site, ou ainda vinculadas ao WhatsApp. Por exemplo: empresas de agronegócio estão usando chatbots para responder a dúvidas de clientes 24 horas por dia, sete dias por semana. A John Deere é uma dessas empresas, pois implementou um sistema de IA que orienta produtores rurais sobre manutenção de máquinas, liberando os vendedores para tarefas mais estratégicas.

Monitoramento de sentimentos

Ferramentas como Sentiment Analysis ajudam vendedores a identificar o tom e as emoções dos clientes em conversas, adaptando sua abordagem para maximizar resultados. São ferramentas que auxiliam na prática dos aprendizados trazidos pela neurociência e neuromarketing.

Ferramentas de IA essenciais para vendedores

Algumas ferramentas de inteligência artificial são especialmente importantes para os vendedores. Faça cursos, peça auxílio para colegas, busque informações e aprenda a utilizar estas ferramentas, você verá o incrível efeito que isso terá em suas vendas! Algumas destas ferramentas estão listadas a seguir:

- **CRMs inteligentes (Customer Relationship Management)**: ferramentas como HubSpot e Salesforce utilizam IA para sugerir o próximo melhor passo em uma negociação.
- **Plataformas de Business Intelligence (BI):** Tableau e Power BI ajudam vendedores a visualizar tendências e tomar decisões baseadas em dados, através da disponibilização de tabelas e gráficos que facilitam a visualização e organização das informações.
- **Automação de marketing:** softwares como Marketo e ActiveCampaign gerenciam leads qualificados usando IA, que

podem ser nutridos pelos vendedores, através de réguas de relacionamento, ou seja, um fluxo organizado de informações valiosas para os clientes, de acordo com o perfil e interesses de cada um.

A IA representa uma oportunidade única para transformar o relacionamento com clientes e criar estratégias baseadas em dados precisos. Mas por mais vantajosa que seja, a utilização da IA no cotidiano das vendas ainda enfrenta barreiras culturais e operacionais. Profissionais de vendas, especialmente aqueles que estavam mais acostumados a atuar de forma analógica, podem ter resistência inicial ao uso de tecnologia. Se você é um destes profissionais, recomendo superar esse obstáculo através de treinamento adequado e um foco na importância de unir a experiência humana com a precisão da IA.

Imagine um cenário em que você pode prever o comportamento do cliente, oferecer a solução certa no momento ideal e eliminar erros comuns, como descontos desnecessários ou informações incorretas. Este é o futuro das vendas — e ele já chegou.

Aplicações da IA em segmentos diversos

Neste item falaremos sobre como a inteligência artificial está sendo implementada com sucesso em diversas áreas diferentes, como o varejo, call centers, serviços e atendimento digital.

O varejo tem sido um dos principais beneficiários da inteligência artificial. Redes como o Walmart implementaram algoritmos de IA para prever padrões de compra e ajustar automaticamente seus estoques. Nos Estados Unidos, a rede relatou uma redução de 20% em produtos esgotados, além de um aumento de 15% nas vendas devido a recomendações personalizadas em seu aplicativo.

Um exemplo que conhecemos no Brasil é o McDonald's, que lidera a automação em suas lojas com quiosques inteligentes de autoatendimento. Essas máquinas, equipadas com IA, sugerem produtos adicionais com base no pedido inicial do cliente, aumentando significativamente o ticket médio!

Já nos call centers, a robotização no atendimento inicial tornou-se um padrão muito utilizado. Empresas como a Porto Seguro introduziram assistentes virtuais como "Sofia", que resolve 60% das solicitações sem intervenção humana. Essa eficiência permitiu à Porto Seguro reduzir consideravelmente seus custos operacionais. Além disso, a SulAmérica implementou IA para analisar conversas em tempo real, sugerindo respostas ideais para os atendentes humanos. Com essa integração, a taxa de resolução no primeiro contato aumentou em 25%, e o tempo médio de atendimento caiu de 8 para 5 minutos.

Outro exemplo de aplicação da IA no segmento de seguros é o processamento de sinistros de automóveis, como é feito na Tokio Marine. Em muitos casos, a análise é concluída em menos de 24 horas, comparado aos 5 dias do método anterior. Esse ganho de eficiência aumentou a satisfação do cliente em 40%.

A inteligência artificial também tem sido bem-sucedida como mecanismo para redução de erros e identificação de inconsistências no uso de descontos. Farmácias como Drogasil e redes como Pague Menos estão usando IA com esta finalidade, proporcionando economias significativas para as empresas ao reduzir promoções aplicadas indevidamente.

Na assistência técnica, a Samsung implementou um sistema que diagnostica problemas remotamente. Com base em dados enviados pelo dispositivo, a IA pode recomendar reparos ou atualizar o software, economizando 30% no tempo de resposta e melhorando a experiência do cliente.

Bancos como o Itaú têm utilizado IA para personalizar ofertas de crédito e investimentos. Sua plataforma preditiva identifica clientes com maior probabilidade de aceitar novos produtos financeiros, resultando em um aumento muito consistente na adesão.

Por que robotizar o primeiro atendimento?

Esta pode ser uma pergunta recorrente entre vendedores que ainda não estão acostumados com os benefícios proporcionados pela implementação da inteligência artificial na área comercial. Como resposta, podemos dizer que a robotização no primeiro atendimento traz benefícios claros: redução de custos, escalabilidade e consistência. Um estudo realizado pela Gartner em 2023 revelou que empresas que implementaram IA no primeiro atendimento reduziram os custos operacionais em até 30%, enquanto aumentaram a taxa de retenção de clientes em 15%.

Além disso, os robôs evitam erros humanos comuns, como concessão indevida de descontos ou informações incorretas. Empresas como Magazine Luiza relatam que a automação inicial permitiu que seus atendentes focassem em vendas de maior valor, aumentando o faturamento global. Aliás, cabe mencionar que a Lu, da Magalu, é uma das assistentes virtuais mais famosas do Brasil!

Atividade prática: validando o uso de tecnologia no processo de vendas

Chegou o momento de exercitar o que estamos aprendendo! Faça um exercício reflexivo e responda às perguntas abaixo para avaliar se você está utilizando a tecnologia de forma eficiente no seu processo comercial:

Automação e eficiência

- Você utiliza ferramentas de automação (por exemplo, CRMs com IA) para gerenciar leads e organizar o funil de vendas?
- Quanto tempo você ou sua equipe gasta em tarefas repetitivas que poderiam ser automatizadas?

Personalização

- Sua empresa utiliza dados para oferecer produtos e serviços personalizados aos clientes?
- Você conhece as ferramentas de análise preditiva disponíveis no mercado e como elas podem beneficiar suas vendas? Quais você conhece? Como as utiliza?

Otimização e resultados

- Você já avaliou se a introdução de chatbots ou assistentes virtuais poderia reduzir custos e melhorar a experiência do cliente?
- Sua empresa está monitorando os resultados das tecnologias implementadas para ajustar estratégias e maximizar o retorno sobre o investimento?

Para concluir este exercício: identifique uma ação imediata que você pode tomar para implementar ou otimizar o uso de IA no seu processo de vendas.

Redes sociais: o novo palco do sucesso em vendas

Imagino que você utilize as redes sociais para várias finalidades pessoais: encontrar amigos, informar-se, divertir-se e muito mais. Mas como você utiliza as redes sociais profissionalmente?

A presença nas redes sociais já não é mais um diferencial, mas uma exigência para quem deseja ser visto, lembrado e, acima de tudo, comprado. Plataformas como LinkedIn, Instagram, TikTok e YouTube são canais de comunicação poderosos que permitem aos vendedores alcançar novos públicos e construir relacionamentos mais fortes.

Nos últimos 10 anos, o comportamento do consumidor mudou drasticamente. Antes, as decisões de compra eram baseadas em recomendações de amigos ou visitas a lojas físicas. Hoje, 78% das decisões de compra começam on-line, muitas vezes em redes sociais. Um estudo da Nielsen em 2023 revelou que 42% dos consumidores brasileiros confiam mais em avaliações no Instagram do que em publicidade tradicional.

Portanto, é preciso entender como utilizar essas ferramentas no dia a dia dos profissionais de vendas, para gerar impacto nos negócios e aumentar o sucesso em vendas! Apresentaremos cases práticos em segmentos como varejo, farmacêutico, alimentação, fintechs e bancos, entre outros. Muitas empresas destes segmentos já utilizam muito bem estas mídias, sendo excelentes referências de como podemos explorar melhor os recursos permitidos por elas.

Por que estar nas redes sociais?

Vendedores e empreendedores que dominam as redes sociais têm uma vantagem competitiva imensa. No entanto, o segredo não está apenas em estar presente, mas em ser autêntico, consistente e estratégico.

As redes sociais se consolidaram como uma das ferramentas mais poderosas para conectar empresas a consumidores. Hoje, não se trata apenas de estar presente no digital, mas de saber como criar impacto e gerar resultados tangíveis. Desde a captação de leads até a fidelização, redes como Instagram, LinkedIn, TikTok e YouTube são fundamentais para o sucesso comercial.

Podemos dizer que as redes sociais são a vitrine digital do vendedor. É por meio delas que o cliente forma a primeira impressão, avalia sua credibilidade e decide se quer continuar a jornada de compra.

Veja a seguir alguns benefícios de estar presente nas redes sociais, de forma profissional:

Construção de marca pessoal

Profissionais de vendas precisam se posicionar como especialistas. O LinkedIn, por exemplo, permite que vendedores publiquem conteúdos relevantes, como análises de mercado ou dicas práticas. Isso aumenta a confiança do cliente na hora da negociação.

Exemplo real: um consultor de vendas do setor farmacêutico criou uma série de posts no LinkedIn sobre os avanços em medicamentos genéricos. Sua audiência cresceu 200%, o que gerou leads qualificados e convites para palestras.

Engajamento direto com o cliente

Ferramentas como Instagram Stories e TikTok permitem interações mais informais. Marcas de alimentos, como a Nestlé, incentivam seus vendedores a criar conteúdos interativos, como vídeos de receitas que utilizem seus produtos. Isso aproxima as pessoas de você e da marca que você representa!

Social selling

É a arte de usar as redes sociais para construir relacionamentos e encontrar clientes em potencial. O LinkedIn Sales Navigator é um exemplo de ferramenta usada para identificar leads qualificados no segmento de fintechs e bancos, além de muitos outros.

Boas práticas para o uso do digital

Como tudo na vida, ter uma atuação profissional e que gere resultados nas redes sociais também exige planejamento prévio e dedicação. Por isso, aqui estão algumas dicas de como potencializar suas atividades através destas mídias.

Planeje suas publicações

Use ferramentas como Hootsuite e Buffer para programar postagens, assim você pode em determinados momentos gerar conteúdos para ir postando aos poucos nas suas redes sociais, estando sempre presente.

Seja consistente

A consistência nas postagens é crucial para manter o público engajado. Seja organizado para conseguir manter consistência, ou seja, ter alta frequência de postagens e jamais ficar afastado do seu público.

Adote o marketing de conteúdo

Crie materiais educativos, como e-books ou infográficos, para atrair leads, aumentar o número de seguidores e gerar maior engajamento da sua audiência. Ensine o que você sabe, muitas pessoas irão gostar!

Utilize CTAs

CTAs são as *call to action*, ou seja, traduzindo literalmente são as "chamadas para ação". O que você espera que seu público faça ao interagir com seu conteúdo? Termine a mensagem dando essa dica, com frases como: clique aqui, me chame no WhatsApp, ligue agora mesmo, veja nosso site etc.

Invista em anúncios patrocinados

Plataformas como Facebook Ads e Google Ads permitem segmentar públicos específicos, maximizando o retorno sobre o investimento. Assim você pode direcionar seus conteúdos para quem realmente importa.

Meça os resultados

O sucesso no digital exige mais do que postagens regulares. É necessário trabalhar com indicadores de desempenho (KPIs) que vão além de curtidas e compartilhamentos. Métricas como taxa de conversão, custo por lead e engajamento qualificado mostram o verdadeiro impacto de suas ações digitais.

Casos reais de sucesso

Ainda está pensando em como você pode tirar proveito das redes sociais para incrementar suas vendas? Ouvir sobre outros exemplos sempre ajuda a visualizar o que podemos fazer, então veja a seguir alguns cases de sucesso em diversos setores:

- **Varejo:** uma rede de lojas de roupas usou o Reels do Instagram para divulgar promoções exclusivas. O engajamento gerado nas redes resultou em aumento de 15% nas vendas on-line.
- **Agronegócio:** startups do setor utilizam imagens de drones no YouTube para ensinar técnicas de plantio sustentável, atraindo investidores e parceiros.
- **Bancos:** um grande banco brasileiro utilizou o TikTok para criar conteúdos educativos sobre finanças pessoais, atingindo o público jovem e aumentando a abertura de contas digitais.

Gatilhos mentais e captadores de atenção

Certamente você já se deparou com algum gatilho mental nas comunicações que recebe, e pode até mesmo ter sido estimulado a comprar algo de forma imediata por ter sido influenciado pela mensagem. Gatilhos mentais são estímulos psicológicos que influenciam diretamente o processo de tomada de decisão de uma pessoa. Funcionam como "atalhos" que o cérebro utiliza para simplificar escolhas, com base em emoções, experiências passadas ou instintos. São muito usados para gerar ação ou resposta imediata.

Os gatilhos mentais são uma ferramenta essencial nas redes sociais. Campanhas que utilizam escassez ("últimos dias para aproveitar") ou exclusividade ("promoção para seguidores") geram maior engajamento.

A Coca-Cola utiliza o gatilho de exclusividade ao lançar edições limitadas de latas com designs únicos no Instagram, como as que apresentam desenhos exclusivos, mensagens sazonais (como

Natal e Copa do Mundo), ou ainda aquela que coloca nomes de pessoas nas latinhas. As campanhas resultam em aumentos significativos nas vendas.

Além disso, captadores de atenção como enquetes e vídeos curtos são amplamente utilizados. Captadores de atenção são elementos usados na comunicação para prender imediatamente o interesse do público. O objetivo é interromper a distração, despertar curiosidade ou gerar emoção suficiente para que a pessoa continue a ler, assistir ou ouvir o que está sendo apresentado. O TikTok tem sido uma plataforma de destaque para marcas como a Ambev, que lançou um desafio de dança. O desafio gerou 15 milhões de interações em 5 dias.

CRMs integrados às redes sociais

Sim, é possível integrar o sistema que você utiliza para gerenciar o funil de vendas com as redes sociais! Isso é muito prático e garante maior eficiência na gestão dos leads e no acompanhamento da jornada de compra dos clientes.

Ferramentas como HubSpot e Salesforce Social Studio permitem essa integração de maneira prática. A Creditas, por exemplo, utilizou essa integração para rastrear leads gerados no Facebook. Essa estratégia aumentou a taxa de conversão em 35% e melhorou a comunicação entre o time de marketing e vendas.

No setor educacional, a Descomplica é outro caso bem-sucedido de empresa que usou dados do Instagram para personalizar ofertas, aumentando em 50% a captação de alunos para seus cursos preparatórios.

Melhores práticas e dicas de etiqueta para vender pelo WhatsApp

Quantas vezes por dia você recebe uma notificação do WhatsApp? O WhatsApp é uma das ferramentas mais poderosas e acessíveis para vendas no mundo atual. Ele oferece praticidade e proximidade para os clientes, mas, para usá-lo de forma eficaz, é necessário seguir boas práticas e manter a etiqueta profissional. Abaixo, apresento as melhores estratégias para vender pelo WhatsApp com sucesso.

Personalização é fundamental

Para estabelecer uma comunicação mais eficaz com os clientes, é fundamental apostar na personalização. Um primeiro passo simples, mas poderoso, é chamar o cliente pelo nome. Isso cria um senso de proximidade e demonstra atenção. Por exemplo: "Olá, João, espero que esteja bem!" transmite muito mais empatia do que uma saudação genérica.

Além disso, é importante conhecer bem o cliente, utilizando informações do seu histórico de interações ou compras para adaptar as mensagens ao seu perfil e às suas necessidades. Esse cuidado mostra que a empresa se preocupa com a individualidade de cada cliente.

Por fim, é essencial evitar mensagens genéricas ou enviadas em massa sem qualquer adaptação. Mesmo ao utilizar listas de transmissão, o conteúdo pode e deve ser personalizado, de modo a manter a relevância e o interesse de quem o recebe.

Respeite os horários

Respeitar o tempo do cliente é essencial para manter uma comunicação profissional e bem recebida. Por isso, é recomendável enviar mensagens apenas em horário comercial, geralmente entre as 8h e as 18h, quando as pessoas estão mais disponíveis para assuntos profissionais ou comerciais.

Também é importante evitar o envio de mensagens aos fins de semana ou à noite, a menos que o próprio cliente tenha solicitado ou aceite esse tipo de contato fora do horário habitual. Essa atitude demonstra consideração e evita parecer invasivo.

Além disso, no caso de clientes que estão em outras regiões ou países, é fundamental respeitar os fusos horários locais, ajustando o envio das mensagens para momentos adequados à realidade de cada destinatário.

Seja breve e objetivo

Para garantir uma comunicação eficiente e agradável com o cliente, é essencial ser objetivo. Por isso, use mensagens curtas e diretas, pois os clientes valorizam agilidade e clareza na hora de receber informações.

Evite também áudios longos, já que muitas pessoas preferem mensagens escritas, que podem ser lidas rapidamente sem interromper suas atividades. Quando for necessário compartilhar informações mais complexas, o ideal é dividir o conteúdo em várias mensagens curtas e bem organizadas, facilitando a compreensão e tornando a experiência mais leve e acessível.

Use ferramentas do WhatsApp Business

O WhatsApp Business é uma ferramenta poderosa para otimizar o atendimento e tornar o processo de vendas mais ágil e organizado. Um dos principais recursos é o catálogo de produtos e serviços, onde você pode adicionar seus itens com descrições claras, preços e fotos profissionais, permitindo que os clientes visualizem suas ofertas sem sair do aplicativo.

Outro recurso essencial são as respostas rápidas, que permitem configurar mensagens automáticas para perguntas frequentes, como "Qual o horário de funcionamento?" ou "Quais as formas de pagamento?", agilizando o atendimento e poupando tempo.

Para manter a organização, é possível utilizar etiquetas personalizadas como "Novo Cliente", "Em Negociação" ou "Pedido Fechado", facilitando o acompanhamento do funil de vendas e o gerenciamento de contatos.

Além disso, o aplicativo permite configurar uma mensagem automática de boas-vindas para novos contatos. Um exemplo seria: "Olá, obrigado por entrar em contato com [sua empresa]! Estamos aqui para ajudar. Como podemos te atender?" — o que demonstra prontidão e profissionalismo logo no primeiro contato.

Saiba conduzir a conversa

Ao iniciar uma conversa com o cliente, é fundamental adotar uma abordagem acolhedora e profissional. Comece sempre com um cumprimento amigável, seguido de uma apresentação breve do motivo do contato, criando um clima de confiança desde o início.

Para compreender melhor as necessidades do cliente, prefira perguntas abertas, que estimulam uma resposta mais detalhada e personalizada. Por exemplo: "O que você está buscando hoje?" ou "Como posso ajudá-lo a encontrar a solução ideal?" — essas perguntas mostram interesse genuíno e facilitam a identificação da melhor proposta.

Evite ser insistente. É importante dar espaço para que o cliente responda no seu tempo, mantendo a comunicação leve, respeitosa e natural.

Linguagem e comunicação

Manter uma comunicação equilibrada é essencial no atendimento ao cliente. Por isso, é recomendável usar uma linguagem formal, porém acessível, adaptando o tom conforme o perfil do cliente, sem abrir mão da profissionalidade.

Evite gírias e abreviações, que podem ser mal interpretadas ou transmitir uma imagem de descuido. A clareza e o cuidado com as palavras mostram respeito e seriedade no atendimento.

O uso de emojis pode ser positivo quando feito com moderação, pois ajuda a transmitir simpatia e leveza na conversa. No entanto, o exagero pode comprometer a imagem profissional, por isso, é importante usá-los de forma pontual e estratégica.

Ofereça valor, não apenas produtos

Envie conteúdos que realmente agreguem valor ao cliente, buscando criar uma relação de confiança e proximidade. Isso pode ser feito por meio do envio de dicas úteis relacionadas ao produto ou serviço oferecido, convites para eventos exclusivos que gerem experiências diferenciadas e ofertas personalizadas e limitadas que estimulem a ação imediata.

Por exemplo, se você trabalha com a venda de cosméticos, pode enviar sugestões de cuidados com a pele adequadas a cada tipo de cliente, acompanhadas da promoção de um novo creme facial, unindo informação relevante à oportunidade de compra.

Fechamento e follow-up

Facilite ao máximo o fechamento da venda, enviando links diretos de pagamento ou instruções claras e objetivas sobre como concluir a compra, reduzindo barreiras e evitando que o cliente desista no processo final. Antes de finalizar, confirme todos os detalhes, perguntando se há alguma dúvida ou se o cliente gostaria de fazer alguma alteração no pedido.

Após a venda, é fundamental realizar um acompanhamento atencioso: envie uma mensagem para verificar se o cliente está satisfeito com o produto ou serviço e ofereça suporte adicional, demonstrando cuidado e disponibilidade. Um exemplo simples e eficaz seria: "Olá, João! Espero que esteja gostando do produto que você comprou. Se precisar de algo, estou à disposição!". Esse tipo de contato fortalece o relacionamento e contribui para a fidelização.

Evite erros comuns

Evite práticas que possam comprometer a imagem da sua marca ou afastar potenciais compradores. Enviar mensagens em massa sem a permissão do destinatário pode ser interpretado como spam, prejudicando sua reputação e diminuindo a confiança do público.

Outro erro comum é demorar para responder: os clientes esperam agilidade no atendimento, e deixar mensagens sem retorno por muito tempo pode transmitir desinteresse ou falta de profissionalismo. Além disso, é importante respeitar o tempo e a decisão do cliente — pressioná-lo ou insistir em uma venda quando ele já demonstrou desinteresse pode gerar desconforto e afastá-lo de vez. A comunicação deve ser sempre respeitosa, útil e centrada nas necessidades do consumidor.

Métricas e melhoria contínua

Acompanhar métricas no WhatsApp é essencial para entender o desempenho do seu atendimento e identificar oportunidades de melhoria. Monitore dados como o número de mensagens enviadas e recebidas, a taxa de respostas dos clientes e as conversões realizadas por meio da plataforma.

Essas informações ajudam a avaliar a eficácia das abordagens e a tomar decisões mais estratégicas. Além disso, peça *feedback* diretamente aos clientes, perguntando sobre a experiência de compra e o atendimento recebido. Esse retorno é valioso para ajustar processos, corrigir falhas e aprimorar continuamente o relacionamento com o público.

Observando todas estas dicas, você perceberá que vender pelo WhatsApp requer um equilíbrio entre personalização, profissionalismo e eficiência. Ao seguir essas práticas e utilizar as ferramentas do WhatsApp Business, você pode transformar o aplicativo em uma poderosa ferramenta de vendas e fidelização. Lembre-se: a chave do sucesso é oferecer valor e construir relacionamentos de confiança com seus clientes.

Atividade prática: avaliando a efetividade das redes sociais nas suas vendas

Estou propondo aqui que você pare alguns minutos e faça um novo momento de reflexão. Responda às perguntas abaixo para identificar se as suas ações digitais nas redes sociais estão alinhadas com o seu propósito de aumentar as vendas:

Presença digital

- Sua empresa está presente nas redes sociais mais relevantes para o seu público-alvo?
- Você publica conteúdo consistente e relevante para engajar seguidores e atrair potenciais clientes?

Métricas e indicadores

- Quais métricas você utiliza para medir o desempenho nas redes sociais (por exemplo, alcance, engajamento, taxa de conversão)?
- Você sabe qual é o retorno sobre investimento das suas campanhas digitais realizadas no último trimestre?

Integração

- Suas redes sociais estão integradas ao CRM da empresa para capturar e gerenciar os leads conquistados?
- Suas ações nas redes sociais estão alinhadas com as estratégias digitais da empresa, ajustando abordagens e convergindo conteúdos?

Depois de responder a essas questões, tenha em mente que seu objetivo é melhorar continuamente. Para que isso possa ocorrer, identifique os próximos passos para melhorar seu uso das redes sociais e as métricas que você precisa começar a monitorar. Determine um objetivo específico, como aumentar a taxa de conversão de leads ou reduzir o custo por aquisição. A partir deste objetivo, estabeleça as ações que você deve realizar, determinando prazos para cada uma delas.

Apresentamos aqui algumas ideias fundamentais para a utilização das ferramentas digitais, com o propósito de aumentar o seu sucesso em vendas. No entanto, vender é uma habilidade humana, não humanoide. Emoções verdadeiras precisam ser percebidas e expressadas para conquistar o coração do cliente. Acredito que o digital ou a inteligência artificial são meios para acelerarmos nossas ações de marketing e atendimento, mas a venda em si depende de afetividade e confiança.

Para isso, treino profissionais, ou seja, pessoas. Somos mamíferos, precisamos conviver com gente, olhar no olho, sentir segurança. O entusiasmo legítimo modifica a decisão de um cliente em comprar o mais barato. A assertividade e capacidade de ouvir para depois propor soluções é um privilégio das pessoas, que se comprometem a fazer as outras mais felizes.

Isso é vender, isso é ser Vendedor.

Fundamento 1 – AQUECIMENTO

CONSTRUA AQUECIMENTO ANTES DE VENDER

A) Preparando-se para vender

> *"O quão pouco posso realizar sem planejamento. Prefiro trabalhar num esquema apertado quatro dias e meio por semana e chegar a alguma parte, a trabalhar o tempo todo e não chegar a parte alguma."*
>
> Frank Bettger, autor do livro *Do fracasso ao sucesso em vendas*, escrito há mais de meio século – um dos livros mais interessantes e atuais, na minha opinião.

Todos os profissionais de sucesso em vendas possuem a habilidade de desenvolver um planejamento antes de abordar um potencial cliente. Neste módulo, adicionaremos algumas ferramentas essenciais para uma pré-aproximação eficiente que um profissional de vendas precisa para levar vantagem sobre a concorrência. Uma boa venda depende de um planejamento bem-sucedido, e é começando corretamente o trabalho em vendas que você atingirá o verdadeiro sucesso em seus objetivos.

O aquecimento é o primeiro fundamento do processo em vendas e é responsável por tornar todos os demais passos possíveis.

"É melhor iniciar uma venda 'seminu' do que semipreparado!"

B) Objetivos do aquecimento

Ao terminar a leitura deste capítulo, você estará apto a:

- desenvolver habilidades para uma boa formulação de objetivos;
- identificar prioridades focadas na administração do tempo;
- melhorar a comunicação inicial com as pessoas;
- compreender claramente a importância vital de identificar as novas oportunidades nos negócios;
- mapear oportunidades com qualificação;
- entender o processo de compra e venda.

C) Aprenda a aprender

Para vender, você precisa antes de mais nada aprender. Mantenha a sua mente e o seu coração abertos para receber novas informações, pois juntamente com elas novas oportunidades podem surgir. Você precisa estar pronto para aproveitá-las!

Todo ser humano funciona como demonstra o ciclo da aprendizagem a seguir:

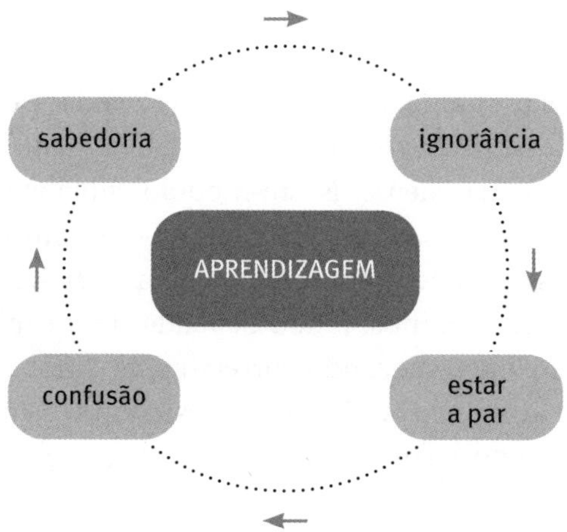

Figura 2.2 Ciclo de aprendizagem

Note que em um primeiro momento estamos todos no estágio de ignorância. Não sabemos o que não sabemos. Esse estágio é comum e provoca, em muitos vendedores, uma certa ansiedade por informação, mas ignorar é preciso, e ninguém deve se sentir inferiorizado quando desconhece um assunto. Muito pelo contrário, você deve utilizar essa ansiedade como um catalisador do seu processo de aprendizado.

Logo em seguida, passamos para o estágio em que ficamos a par: agora sabemos o quanto não sabemos. Isso significa que conhecemos o tamanho de nosso objetivo: aquilo que podemos aprender.

Quando tomamos contato com uma informação, talvez o nosso desejo seja entendê-la e, possivelmente, começar a buscar mais informações sobre determinado assunto. Nesse estágio, muita gente decide por uma profissão, faculdade etc. Sabemos agora o quanto não sabemos sobre um assunto e, quando começamos a desvendá-lo, normalmente entramos no próximo estágio: o da confusão. Nesse estágio, existe uma tendência de autossabotagem, ou seja, dizemos para nós mesmos que isso não é para nós, não dará certo, está muito difícil aprender. A maioria das pessoas chega a desistir e se frustra por não dominar determinado assunto.

Um bom exemplo de aprendizagem é aprender a falar inglês. No início, ignoramos o idioma e, na escola, tomamos contato com uma língua diferente da nossa. Então, começamos a aprender e, muitas vezes depois de anos, realmente quereremos aprendê-la, por se tratar de uma necessidade e de um assunto de grande importância no mundo dos negócios, dos estudos e até das viagens. Mesmo assim, podem aparecer dificuldades no aprendizado, quando muitos dizem aquelas frases comuns de autossabotagem: não é para mim, está muito complicado, não conseguirei. E, daí, desistem!

Alguns professores de inglês dizem que a maioria das pessoas que desistem estava em pleno aprendizado e sabia onde errava. Se persistissem, fariam de forma diferente daquelas que desistiram e aí aprenderiam.

Sabedoria é o conhecimento inconsciente, quando não sabemos mais o quanto sabemos. É quando temos domínio de algo e, mesmo que fiquemos muito tempo sem fazê-lo, não esquecemos como se faz. Um bom exemplo é andar de bicicleta: quando se aprende, nunca mais se esquece. O fato é que a sabedoria é um estágio que atingimos quando queremos e persistimos, pois a maioria das pessoas sabe andar de bicicleta, pode ficar anos sem o fazer e, mesmo assim, consegue, porque atingiu o estágio da sabedoria.

Por essa razão, devemos sempre ter paciência e persistência na vida, pois a aprendizagem é um ciclo que depende disso, e cada um de nós terá que considerá-la para aplicar os conhecimentos que esse livro passará.

Não conheço nenhum vendedor de sucesso que não tenha definido objetivos claros. Devemos começar definindo nossos objetivos, prioridades e o tempo para conquistá-los. Quem trabalha em vendas deve estar acostumado a trabalhar com metas e, para atingi-las, é preciso definir o tamanho desse objetivo, quais são as prioridades e o tempo para se atingir o planejado.

D) Estabelecendo objetivos, prioridades e o tempo

Podemos definir um objetivo como algo que queremos alcançar ou conquistar, a partir de um planejamento específico e de uma série de ações coordenadas que nos levem até o que queremos. Para tudo na vida precisamos de objetivos: ao realizar uma viagem, precisamos saber aonde queremos chegar, do contrário ficaremos perdidos! É como uma nau no mar que não sabe a direção a seguir.

Os objetivos também são importantes para mensurar nossas realizações, assim podemos avaliar o quão perto conseguimos chegar do que desejávamos, ou mesmo o quanto conseguimos superar desse objetivo. Nas organizações, a definição clara de objetivos é de grande importância, principalmente para que os colaboradores compreendam o papel que desempenham no conjunto de ações e estratégias da empresa.

Uma boa comparação que podemos fazer com nossos objetivos é um sonho; não aquele sonho que temos quando estamos dormindo, mas aquele desejo que sonhamos conquistar em nossa vida. Veja os passos a seguir para alcançar esse sonho.

1. Sonho ou Estado Desejado

Aquilo que sonhamos e desejamos fazer acontecer deve estar vivo na nossa mente de forma tão cristalina de modo que possamos narrar os detalhes dessa visão. Para que você viva esse sonho e parta em direção à sua realização, verifique se está seguindo estas regras básicas:

• *Dito em termos positivos*

É preciso pensar e dizer o que se quer de forma positiva. Se, por exemplo, você disser que não quer perder dinheiro este ano, a imagem que virá à sua mente provavelmente será a de você perdendo dinheiro. A palavra "não" sugere a ação e o coloca na situação que você não quer que aconteça.
Não pense numa maçã vermelha.
No que você pensou?
O correto é pensar e dizer o que se quer: Eu quero ganhar mais dinheiro este ano. Logo me vem uma imagem mental positiva, que será a de mim mesmo ganhando mais dinheiro.

• *Iniciado e controlado pelo sujeito*

Seu sonho não pode depender de ninguém além de você! Você deve ter toda a responsabilidade e o poder de controlar e administrar as ações, inclusive que tenham a participação de outras pessoas. É preciso ter senso de liderança e jamais esperar que o mundo lhe dê seu sonho de mão beijada. Bill Gates, em palestra numa universidade americana, disse: "Você não será vice-presidente de uma empresa com carro e telefone à disposição antes que tenha conseguido comprar seu próprio carro e seu telefone".

- *Tamanho apropriado do objetivo*

Seu sonho deve ser possível de ser conquistado, e você deve conhecer a exata distância que terá de percorrer para isso. Muitas pessoas colocam, em suas metas, a realização de sonhos grandiosos, num tempo incompatível com o tamanho, e se frustram. A frustração, nesses casos, mina a autoconfiança para a conquista de outras metas, e muita gente sofre demais por isso. Uma bela maneira de iniciar essa jornada é começar com metas menores, de curto prazo, que, quando atingidas, nos trazem confiança e logo queremos continuar com esse processo de realização.

2. **Procedimentos de Evidência de Realização de um Sonho**

- *Como é que o sujeito vai saber quando conseguiu o objetivo desejado?*

Essa pergunta é a chave do processo. Para realizar seu objetivo (sonho que se transformou em meta para este ano), é preciso saber o que acontecerá em sua vida quando o atingir. Exemplo: Eu viajarei com minha família para a Europa quando conquistar meu sonho de ganhar mais dinheiro. Você também poderá definir essa meta em valores monetários, quantidade vendida etc.

3. **Contexto**

Especifique também o contexto, criando uma visão com pessoas, lugares e tempo. Lembre-se: o seu sonho deve ser tão cristalino de modo que você consiga visualizá-lo perfeitamente, inclusive dentro de uma contextualização mais ampla.

- *Onde, quando e com quem se quer isso?*
- *Onde, quando e com quem* NÃO *se quer isso?*

O uso do NÃO nessa etapa de contexto é adequado e não tem conotação negativa como no momento da definição de sonhos ou do estado desejado. A palavra NÃO determina aqui a direção contrária de CONTEXTO. Um contexto sempre tem os dois lados: o que queremos e o que NÃO queremos.

4. Ecologia
   - *De que maneira o objetivo desejado pelo sujeito afetará a vida dele?*

   Em programação neurolinguística, o termo "ecologia" é usado para representar a relação de ganhos e perdas diárias. Sempre que tomamos uma decisão de atingir um objetivo, existem ganhos, mas também perdas. Acha que não? Quando queremos conquistar algo, como ganhar dinheiro, temos de abrir mão de algumas coisas. Teremos de trabalhar mais, abrir mão de alguns momentos com a família e com os amigos, fazer sacrifícios, economias etc. Portanto, é preciso avaliar o que se ganha e o que se perde, analisar e decidir. Lembre-se: isso é muito importante e faz parte da preparação de pessoas realizadoras que não se abalam no meio do caminho, abrindo mão de seus objetivos.

5. Limitações e Alternativas

   Mapa de voo e flexibilidade: é como eu chamo esta etapa. Para percorrer a distância até chegar ao seu sonho podem surgir adversidades e barreiras, e essas dificuldades devem estar no seu plano de voo. Esse é o famoso "Plano B", ou plano de contingência. Caso não estejam, considere-as acidente de percurso e tenha flexibilidade, mas sempre responda a todas estas perguntas:
   - *O que impede o sujeito (você) de atingir o objetivo desejado?*
   - *Como chegará lá?*
   - *Quanto mais alternativas, melhor alternativa.*
   - *O primeiro passo está bem especificado e é possível atingi-lo?*

6. Recursos
   - *Quais são os recursos de que eu necessito para atingir o objetivo desejado?*

- *O primeiro passo está bem especificado e é possível atingi-lo?* Os recursos aos quais me refiro podem ser de qualquer ordem: financeiros, humanos, físicos etc., ou seja, todos aqueles que se referem diretamente à conquista do objetivo.

Para colocar seu plano em prática, basta definir as ferramentas ou "armas de guerra". Se você já as tem, vá em frente. Se não, comece buscando esses recursos, pois você, a seu tempo, com seu jeito de ser, no seu ritmo, certamente conseguirá.

E) Modelo de resultado hipotético

No processo de planejamento em vendas, você deverá criar mentalmente o seu "Modelo de Resultado Hipotético". Isso significa visualizar o objetivo a ser alcançado e se transportar para o quando e onde ele será atingido. Para isso, recomendo os seguintes passos do processo que você precisa seguir para conseguir atingir seus objetivos.

1	Como é? (estado atual)	6	O que impede de já ter acontecido?
2	Como deve ser? (estado desejado)	7	Que recurso possui ou necessita?
3	Como saberei que o objetivo foi atingido? Qual é a evidência?	8	Quais são as objeções possíveis?
4	Em que contexto ele deve acontecer? Onde, quando, quem?	9	Visão (qual é o primeiro passo?)
5	Como o objetivo afetará sua vida? O que será somado, subtraído ou mantido?	10	Ação (qual é a sequência de ações?)

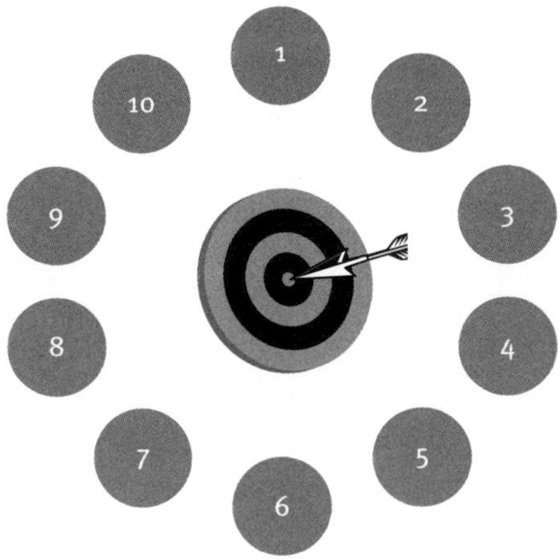

Figura 2.3 Processo para atingir objetivos

F) Identificação e qualificação – elementos da pesquisa em vendas

O primeiro passo no processo de vendas é buscar clientes. Pesquisar significa procurar um recurso valioso. Como se preparar eficazmente para vender? Como prospectar clientes com qualidade? Que informações são fundamentais antes de iniciar o processo de venda? Essas perguntas são muito normais na cabeça dos profissionais de vendas, e as respostas são basicamente definidas em duas palavras: identificação e qualificação. Precisamos ter em mente que esses são os dois pontos essenciais para o aquecimento do processo de vendas.

Identificar é reconhecer, entender, analisar e, portanto, é o que faz com que tenhamos uma identificação com o cliente e suas características. Ninguém sai por aí comprando um produto ou serviço sem critérios de compra ou necessidades bem estabelecidas – ninguém em seu juízo normal. Um dos tipos mais importantes de venda é a venda consultiva, em que o vendedor atua como um consultor que apoia o cliente a conquistar o que deseja e, muitas vezes, o ajuda a reconhecer necessidades e como supri-las. Nesses casos, é fundamental que exista a identificação do cliente, se ele já tem ou pode ter um produto ou serviço como o que você quer oferecer, se em seu ramo de atividade ou atuação existem casos em que seu produto ou serviço já foi aplicado com sucesso e, basicamente, se esse potencial cliente pode se beneficiar com a sua oferta. Essas perguntas devem ser respondidas antes de qualquer aproximação, e existem muitos caminhos para você respondê-las: internet, jornais, revistas, banco de dados de clientes da sua empresa, perfil do consumidor, estudo do segmento ou nicho em que esse cliente atua etc.

Quanto maior a identificação do potencial cliente, melhor será a sua qualificação, pois **qualificar** é o próximo requisito essencial para o aquecimento. Qualificar é definir potencialidade por meio de uma pré-entrevista ou pré-abordagem. Isso significa que o profissional de vendas, uma vez que tenha identificado uma oportunidade, deve buscar obter mais informações por meio de mensagens diretas ou de uma visita fria.[1]

Muitos vendedores prospectam clientes sem critérios de identificação e qualificação e, normalmente, gastam muito tempo com esse assunto, com muito pouca efetividade. Daí surgem as dúvidas de sempre, como mencionei no início desse capítulo.

> Não desperdice seu tempo com pessoas que não precisam do seu produto.

Para identificar e qualificar clientes em potencial, é preciso montar um fluxograma de mercado, considerando:

1. Visita fria significa uma visita ou um contato sem muito envolvimento com o cliente; normalmente se refere àquele tipo de encontro imprevisto, que é muito comum em vendas, quando um vendedor bate à porta ou telefona para uma empresa para descobrir informações e tentar se aproximar do contato correto para apresentação. Daqui para a frente, todas as vezes que eu me referir a "frio" ou "fria", estou usando um jargão muito comum em vendas e que tem essa conotação de primeiro contato.

- os benefícios do seu produto;
- como o seu produto está distribuído ou vem sendo utilizado no mercado;
- que tipo de empresa precisa disso;
- de que informações você precisará para confirmar se/quando o cliente potencial precisa do produto.

É importante obter o máximo possível de informações relevantes; portanto, ao se preparar, pergunte:

- Que informações já temos?
- De que informações extras precisamos?
- Onde e de quem podemos conseguir essas informações?

Um erro comum é acreditar nos próprios conhecimentos de mercado e pensar que a pesquisa não é necessária. Ao fazer isso, você estará confiando em suposições, o que pode ser tão arriscado quanto fazer apostas em um cassino! Veja o que pode acontecer se você cair na armadilha das suposições:

Suposições, cuidado!

Quem supõe:

› corre o risco de errar, e geralmente erra;
› pode receber vários "nãos";
› não estabelece empatia;
› não faz uma comunicação eficiente;
› não vende.

Depois de coletar todas as informações, o profissional de vendas pode tomar decisões de abordagem, construindo bons argumentos e evidências para se posicionar num primeiro contato com o cliente. Por essa razão, devemos entender bem nosso mercado, nosso produto, nossa ideia e como tudo isso se aplica ou vem se aplicando a outras pessoas e empresas de diferentes segmentos e nichos de mercado.

VISÃO ESTRATÉGICA EM VENDAS

> *"Na vida existem três tipos de pessoas: aquelas que veem, aquelas que veem quando lhes é mostrado e aquelas que não veem."*
>
> LEONARDO DA VINCI

Análise perfeita de um gênio sobre o comportamento humano, a atitude e a maneira como encaramos nossos desafios e criamos oportunidades. São dois os elementos que constituem a base de um profissional de vendas:

1. **Desafio**
   É sem dúvida a maior razão para trabalhar em vendas, mesmo que pareça que o dinheiro é o mais importante. Conheço equipes de vendas que atingem todas as metas e nenhum dos vendedores ganha comissão. O que motiva as pessoas de SUCESSO EM VENDAS é a oportunidade de ter uma carreira bem-sucedida após vencer desafios e atingir suas metas.

2. **Oportunidade**
   É um desafio que se cria, se constrói, se inventa, jamais se lamenta! Um profissional de vendas sabe que precisa ver à frente de seus concorrentes, inclusive dos outros vendedores de sua empresa. Um cliente sempre pode comprar se o vendedor mostrar-lhe algo útil, desejável e que desperte interesse. Mostre-me algo de valor para ele, e eu moverei "céu e terra" para conseguir.

A capacidade de mesclar desafios e oportunidades, considerando ameaças, fraquezas e forças de sua empresa, faz de você um profissional de vendas com visão estratégica que não se abate facilmente, pois sabe que pode vencer, por aqui ou por ali. Basta enxergar e ter alternativas.

G) Como renovar seus hábitos para prospectar com qualidade

Para a grande maioria dos vendedores, prospectar é uma atividade rotineira que não traz empolgação, sendo considerada inclusive chata de fazer, porque é feita atrás de uma mesa, no computador ou em mensagens diretas. É claro que todos sabemos que é uma atividade importante, que, como gosto de dizer, significa o aquecimento da venda ou o primeiro passo para o sucesso. Vendedores que não gostam de prospectar são como agricultores que não gostam de semear. Sabemos da importância da prospecção e que a prioridade que deveríamos dar a essa atividade é alta. Mas como, então, fazer isso acontecer?

Inicialmente, devemos vencer possíveis inseguranças ou a timidez, comuns quando precisamos conversar por WhatsApp ou fazer visitas frias, especialmente quando somos rejeitados nas primeiras tentativas. Para superar tais desconfortos é preciso, essencialmente:

- conhecer bem o seu produto ou serviço;
- conhecer os diferenciais de sua empresa;
- saber o que dizer nos primeiros minutos de sua ligação ou visita; e
- ser claro e conciso para evitar interrupções longas que atrapalhem o seu potencial cliente.

Aliás, essa preocupação em não atrapalhar ou interromper o cliente é outro forte motivo para evitar a atividade de prospectar. Essa sensação de que estamos interferindo é gerada pela falta de confiança que o profissional de vendas tem em si e, especialmente, pela falta de pesquisa, como mencionei anteriormente, sobre identificação do potencial cliente. Se você tiver as informações corretas, a certeza de que será útil e falar sobre como você, seu produto ou serviço e sua empresa podem beneficiar o seu potencial cliente, certamente vencerá os desafios e começará a gostar de prospectar.

H) Comportamentos adequados para o aquecimento do vendedor

O seu produto/serviço é bom? Você acredita na sua empresa? Gosta do que vende? Se as respostas foram positivas, você está pronto para vencer. Coloque animação no seu dia a dia e faça seu aquecimento com entusiasmo e muita vontade. Existem comportamentos que são excelentes para prospectar com muito mais efetividade:

1. Atue com entusiasmo
   Pare de prospectar como se fosse uma atividade chata e rotineira, pois sua atitude positiva fará com que seu potencial cliente também se anime com você. Se atuar com entusiasmo, mesmo que esteja desanimado, você vai mudando de estado e passará a ficar bem. E assim, como uma corrente do bem, seu cliente percebe sua motivação, vontade e alegria e se contagia. Isso é ser entusiasta! *Entusiasmo* vem do grego e significa "Deus dentro de você".

2. Crie uma visão positiva
   Imagine, momentos antes de fazer seu primeiro contato frio com o cliente, que você conseguirá marcar a visita ou atrair o interesse dessa pessoa. Por isso, você se vê feliz e satisfeito por ter conquistado mais uma oportunidade que lhe renderá bons ganhos e assim por diante. Criar um cenário mental faz toda a diferença e nos permite viver hipoteticamente a sensação do sucesso. Quando estamos fisiologicamente bem, nosso cliente sabe e sente, podendo ser muito mais receptivo do que se estivesse falando com um vendedor inseguro e sem positividade.

3. Pare de explicar
   Cada vez que você encontra explicações para sua falta de resultados, visitas marcadas, novos contatos e oportunidades, você

está enganando a si próprio sobre o quanto você tem feito de tudo mas não vem conseguindo. Explicações requerem criatividade, pois até para dar desculpas paramos para pensar e buscamos ideias com criatividade. Quantas vezes você se viu dando essa justificativa para si próprio? Nenhuma? Será que você nunca explicou um fracasso com um argumento do tipo: a crise está paralisando nossas vendas, o cliente não tem interesse em comprar de janeiro a março, é tempo de férias e no Brasil as coisas só acontecem depois do Carnaval etc.? Essas histórias são crenças limitantes que explicam mas não justificam o fato de seus concorrentes estarem vendendo todos os dias. Se todos os vendedores que conheci usassem sua criatividade para vender em vez de explicar, seria meio caminho andado.

4. Supere-se
   O que mais importa quando estamos iniciando nosso processo de vendas, ou seja, nos aquecendo para vender, é ter um senso de superação contínuo. Se você definir que só pode conversar por WhatsApp com 30 clientes por dia e um dia precisar ter mais conversas, ficará esgotado. Acontece que esse condicionamento de limite é um mito. O limite físico existe, mas o seu entusiasmo, sua criatividade e sua determinação são componentes de ordem mental que precisam ser orientados a seu favor no sentido de sempre querer mais, saber que pode mais e que só depende de você. Não importa quanto sucesso você tenha, você sempre pode ter mais.

I) Prospecção – Como encontrar clientes potenciais

Tem muita gente querendo seu produto ou serviço, mas ainda não conhece você. E existem muitos clientes que conhecem você, mas não todos os produtos e serviços que você oferece.

Prospectar é gerar *leads*, identificar clientes em potencial e qualificá-los. O que significa isso?

- *Lead* – é uma pessoa ou empresa com potencial para se tornar um cliente.
- **Cliente Potencial** – é alguém que talvez queira comprar o seu produto/serviço.
- **Cliente Qualificado** – é alguém que precisa de seu produto e é capaz de comprá-lo.

Vender é um processo sequencial, no qual o sucesso em qualquer estágio depende do sucesso dos estágios anteriores. Como a prospecção está no primeiro estágio da venda, de preparação, merece ser bem-feita para que a sequência tenha potencialidade.

O quadro a seguir apresenta algumas possíveis técnicas de prospecção.

Técnicas de Prospecção

Contatos pessoais	Mala direta
Referência de clientes	Seminários/*Road-shows*
Leads a partir de outros clientes	Feiras/Exposições
Rede de amigos	Entidades
Leads gerados pela empresa	Jornais
Banco de dados	Outros...
Telemarketing ativo/receptivo	

Procure lembrar-se de que técnicas você/sua empresa utilizava e deixou de utilizar. Talvez você sinta vontade de voltar a usar uma delas ou de implementar uma que nunca usou.

É preciso prospectar, entendendo o papel de seu interlocutor. O cliente tem diferentes interesses no processo de compra, e o papel do vendedor é agir de forma congruente. Não podemos atuar com a mesma maneira de prospectar acreditando que despertaremos sempre o interesse. Veja na figura abaixo como existem diferentes interesses de acordo com os cargos:

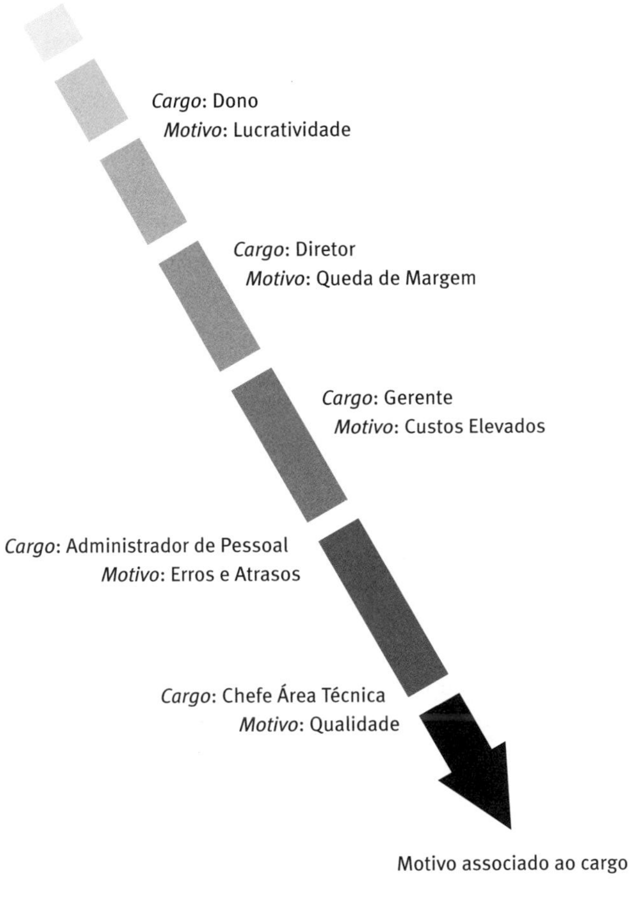

Figura 2.4 Prospecção com base nos potenciais interesses

Na figura anterior, destacamos os diferentes motivos de cada nível hierárquico do cliente, em que a decisão depende desse motivo e a abordagem do vendedor deve ser diferente para cada caso. Todas as pessoas (interlocutores) são importantes, mas o profissional de vendas deve se nortear pelo motivo da pessoa que decidirá, que se relaciona com sua área de atuação. Perderemos tempo se iniciarmos o processo de vendas baseando-nos em suprir o motivo de quem não decide pela compra. O motivo dominante da compra é o daquela pessoa e da respectiva área da empresa que tem o poder de compra.

Exemplo: uma vez um amigo, que por sinal era um excelente vendedor, trabalhava com a representação de uma grande marca de pneus. Ele conhecia um dos maiores revendedores de pneus de São Paulo, que era dono de uma grande rede de lojas. Marcou uma reunião com o dono e, quando lá chegou, foi até arrogante com o pessoal de atendimento e serviços. Inclusive, contou-me ele, ignorou um certo senhor que era chefe da oficina e fora recebê-lo ao chegar. Disse que tinha uma reunião com o dono e assim iniciou o processo de vendas.

Em reunião com o chefão da rede, apresentou brilhantemente seu produto e, como já tinha muita sintonia com o dono, tentou abrir negociação de fornecimento de um grande lote já na primeira reunião. O dono da rede de lojas foi bem receptivo, mas não era o foco dele escolher os produtos, pois não tinha total conhecimento sobre a qualidade e principalmente quanto ao que tinha maior aceitação por seus clientes. Então dirigiu-se ao chefe de oficina, aquele que tinha sido desprezado pelo brilhante vendedor, e perguntou: Fulano (tal chefe da oficina), você aprova este produto que meu amigo aqui está nos oferecendo? E a resposta foi: Olha, este produto é muito bom, mas não supera nossa atual linha de produtos. Em resumo: o dono, apesar de amigo, disse que quem decidia pelo que era vendido na rede era o chefe da oficina.

Meses depois ele tornou a visitar essa rede, mas começou de outra maneira, fazendo com que o chefe da oficina, que é quem precisa conhecer mesmo seu produto, tivesse sua atenção e assim avaliasse melhor. O chefe da oficina revelou depois que meu amigo mudou seu comportamento, que realmente faltou sintonia e que não gostou do primeiro encontro que tiveram. Isso acontece diariamente em vendas, quando o profissional de vendas, por mais brilhante que seja, esquece que todas as pessoas são importantes na venda, cada uma no seu respectivo espaço.

J) Posicionamento em vendas

Veja esta situação prática:

Eu posso ter um produto para mulheres - mulheres é o segmento. Mas devo refletir melhor e identificar que meu produto vende realmente nesse segmento, só que a maioria das minhas clientes é composta por mulheres grávidas - mulheres grávidas é o nicho de mercado.

Logo, preciso expandir para outros nichos e potencializar ainda mais o nicho em que vendo melhor. São ações distintas, e há clientes distintos que merecem ser tratados com uma abordagem inteligente e criativa em cada caso. Portanto, é preciso ter cuidado com a importância em se posicionar com seu prospectivo cliente e, principalmente, considerar que cada empresa/pessoa é um caso único e tem diferentes pontos de vista e necessidades. O ponto de vista e a necessidade são os formadores do posicionamento em vendas, que você deverá definir.

Para definir o seu posicionamento em vendas, é preciso identificar os diferentes pontos de vista e as necessidades dos seus clientes, nos quais você irá focar a sua estratégia de vendas. Veja como defini-los a seguir.

- *Diferentes pontos de vista*

Quando estamos em comunicação direta com nossos clientes, devemos considerar os diferentes pontos de vista, porque só assim poderemos compreender a real necessidade dessa pessoa e de sua empresa. Vendedores que se mantêm apenas na sua posição de interesse desconsideram a situação do outro e o contexto em que ela acontece. Quando nos deslocamos para o ponto de vista do cliente, potencializamos nosso entendimento e geramos credibilidade no contato inicial, e a necessidade do cliente passa a ser nossa também. Uma dica para descobrir o ponto de vista do cliente é se colocar no lugar dele, esquecendo seu papel e perguntando-se: O que eu faria ou pensaria se estivesse falando com esse vendedor (você)? O que realmente é importante para ele (cliente)? O que mais interessa a ele, na situação ou na posição em que ele (cliente) se encontra?

- *Diferentes necessidades*

O mais importante segredo da arte de vender é descobrir o que a outra pessoa deseja e, depois, ajudá-la a achar o melhor modo para obter isso.

Só há uma maneira nesse mundo para conseguir que alguém faça alguma coisa. Já pensou nisso? Sim, um único modo: fazer com que a outra pessoa **queira** fazer essa coisa. Lembre-se: não há outro modo.

Quando você mostrar a um homem o que ele quer, ele moverá céus e terras para consegui-lo. Por isso, é preciso conhecer o desejo do cliente. Uma dica para descobrir o desejo do outro é usar o lado emocional, pensar no que existe por trás de um interesse material como produto, dinheiro etc. O desejo é algo intangível que veremos mais à frente, no fundamento do processo de vendas chamado interesse.

Existem três partes diferentes da venda: as características, as vantagens e os benefícios. As características representam o que o seu produto é; quais são seus atributos e suas qualidades, ou seja, consiste em uma descrição do produto. As vantagens são consequências dessas características, que constituem diferenciais em relação aos demais produtos concorrentes do mercado, por exemplo. Os benefícios, por sua vez, representam o que o produto faz pelo consumidor e qual seria a verdadeira razão de compra desse produto. Veja o exemplo a seguir:

Características x Vantagens x Benefícios
Característica: Uma xícara de café de porcelana...
Vantagem: ...essa xícara tem um *design* elegante...
Benefício: ...é confortável e não queima os dedos.

O mais importante é saber separar bem as três partes de sua oferta e focar naquela que realmente interessa e vai ao encontro da necessidade do cliente: o benefício. A maioria dos vendedores é orientada a características e vantagens. Faça diferente: não conte vantagens, conte benefícios!

Depois de reunir todos esses elementos de preparação, é fundamental que o vendedor saiba se posicionar quando começar a interagir com o cliente. Muita pressa ou lentidão podem ser prejudiciais ao criar sintonia. O processo de vendas deve se iniciar e terminar de forma empática, e cada etapa deve ser claramente controlada. Por isso, chamamos as etapas do processo de vendas de fundamentos. Em um dos grandes livros que li, de um autor chamado William "Skip" Miller, encontrei um gráfico que retrata como o vendedor deve acompanhar com sintonia o cliente e controlar sua ansiedade para vender. A relação comprador × vendedor é muito bem definida e explicada no item a seguir, que é um método de vendas muito utilizado nas companhias americanas.

L) Relação de comprador/vendedor

Em todas as interações entre o vendedor e seu cliente estão ocorrendo simultaneamente dois processos: o do comprador e o do vendedor, como demonstra a figura a seguir:

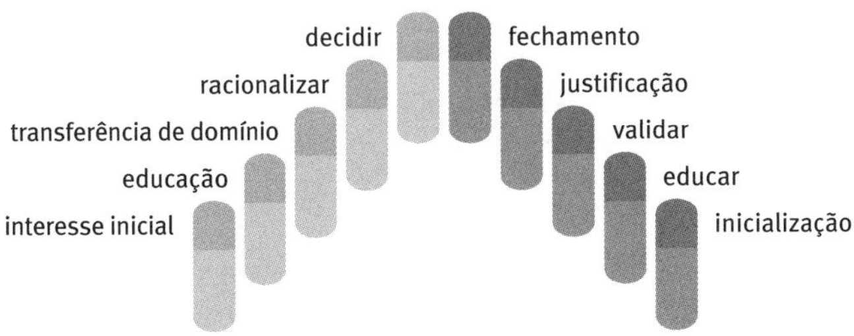

Figura 2.5 Processo do comprador e do vendedor

Fonte: Miller, William "Skip". *Proactive selling: control the process win the sale.* New York: AMACOM (American Management Association).

Um dos maiores desafios do vendedor é se afastar objetivamente do seu maior desejo, que é vender, para verificar o que está acontecendo entre ele e o cliente. Isso é o que chamamos de terceira posição e é de onde se pode ver o cenário da venda.

O vendedor deve controlar sua ansiedade e ter noção de que cada etapa da venda deve ser percorrida proativamente. Ninguém espera que o vendedor venda para cada cliente que prospectar, mas que ele controle cada etapa que está percorrendo com o cliente.

Cada enxadada, uma minhoca! Frase comum entre vendedores...

COMPETÊNCIA EM VENDAS

O que é ser competente? *Competente* vem de competitivo. Em vendas, isso se vê nos produtos e serviços que cada dia sofrem mais com competição que gera a igualdade de preço e de qualidade, sendo preciso agregar valor para competir.

Você vende um produto igual ao do seu concorrente por um preço maior? Se tem dificuldade é porque não percebeu seu próprio valor e, especialmente, insiste na guerra de preços.

Mais uma pergunta: Por que você é um vendedor? É uma tendência do século XXI que todas as pessoas de uma empresa participem da cadeia de vendas e se preocupem com seu principal chefe: o cliente. Por fim: O que você poderia melhorar para se tornar um grande vendedor, mesmo que seja de ideias? Muita gente nunca fez um curso de vendas, nem sequer considera essa arte conhecimento e habilidade essencial nos negócios. Autodesenvolvimento é essencial. Três coisas são fundamentais para ser um VENDEDOR competente:

(continua)

1. Perceber o valor de sua empresa, produto, serviço e o seu valor no negócio.
2. Assumir que se é um vendedor, em algum momento ou contexto, e que é preciso entender dessa arte para crescer na empresa e nos negócios.
3. Ter paixão pelos negócios da empresa e buscar seu próprio desenvolvimento constantemente. Isso denota paixão pelo que faz e pelo cliente de sua empresa, que é a unidade de lucro mais importante em qualquer negócio.

Conheço muitos negócios e empresas, mas aqueles que se destacam em seus mercados estão em busca de profissionais que tenham basicamente atitudes empreendedoras e que tomem a empresa como sua, saibam que o cliente da empresa é deles também e, conscientes disso, vendam sua imagem, seus produtos e serviços com extrema paixão e qualidade.

M) Registrando o trabalho – autocontroles do vendedor profissional

Vendedores normalmente não gostam de apegar-se a controles, registros e qualquer tipo de trabalho burocrático. Em geral, eles consideram que viver de improviso pode ser uma forma de controle desordenado ou, pior, um controle sem preparo.

As etapas importantes que você deve realizar no seu trabalho como vendedor, e que devem ser sempre registradas e organizadas, são:

- estudar o cliente;
- planejar o que dizer;
- preparar apresentações;
- enviar mensagens automáticas on-line, mensagens por WhatsApp, mensagens automatizadas enviadas via ferramentas como Sales Navigator do LinkedIn ou CRMs avançados;
- organizar o cronograma de visitas para cada dia.

> *Posso contratar homens para fazer tudo, menos duas coisas: pensar e fazer as coisas na devida ordem de importância.*
>
> FRANK BETTGER

Para auxiliá-lo na realização dessas etapas, sugiro a utilização das seguintes ferramentas para registrar seu trabalho, que explicarei detalhadamente a seguir.

- Mapa de oportunidades;
- Quadro de horário semanal;
- Registro de visitas, entrevistas e resultados.

Mapa de oportunidades

Para utilizar essa ferramenta, você deverá cumprir os seguintes passos, utilizando a planilha abaixo:

- listar seus clientes ou *prospects*;
- listar os melhores produtos/serviços que você oferece;
- cruzar a lista de produtos com a de empresas que você listou, assinalando aqueles que já compraram em cor cinza;
- cruzar a lista de produtos/serviços com a de empresas que você listou, assinalando aqueles que poderiam comprar em cor preta;
- nos clientes – cor cinza –, você pode efetuar novas vendas. Por exemplo, de serviços – isto é venda vertical;
- nos *prospects* – cor preta –, você deve oferecer os produtos/serviços que considera adequados – basta saber despertar interesse;
- nas empresas sem cor nenhuma, responda: como posso oferecer o que vendo de forma que isso possa ajudá-las ou interessar a elas? Se conseguir responder, você as torna *prospects*.

Modelo / exemplo de mapa de oportunidades

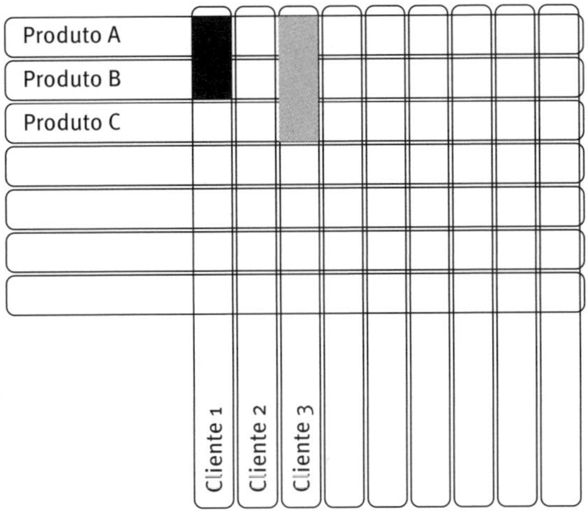

No exemplo acima, temos três clientes e três produtos principais. O cliente 1 foi considerado um *prospect* para os produtos A e B; você deve buscar despertar o interesse desse cliente para esses produtos. O cliente 3 já é um comprador dos três produtos vendidos pela empresa. Parabéns! Você deve desenvolver novas vendas para esse cliente e estabelecer um bom relacionamento com ele. O cliente 2, entretanto, está em branco. Pergunte-se: como posso oferecer o que vendo de forma que isso possa ajudá-lo ou interessá-lo? Assim, você poderá transformar esse cliente em um *prospect*.

Quadro de horário semanal

Para utilizar essa ferramenta você deverá seguir estes passos, utilizando a planilha a seguir:

- marque semanalmente seus compromissos;
- relacione todas as suas atividades, inclusive de aquecimento;
- coloque um asterisco naquelas que são preparatórias ou produtivas, como planejamento, visitas, entrevistas, acompanhamentos;

- coloque dois asteriscos naquelas que não estão diretamente ligadas ao seu processo de vendas, mas são necessárias. Por exemplo: tempo no trânsito, viagens, convenções, palestras;
- coloque três asteriscos naquelas que são improdutivas e tomam muito de seu tempo, como bate-papo com colegas de trabalho no cafezinho, leitura de mensagens de WhatsApp, *chats*, almoços longos, atrasos no início de suas atividades;
- por fim, faça uma avaliação do uso de seu tempo, modificando diversos hábitos para ter uma maior produtividade.

Modelo / exemplo de quadro de horário semanal

	Seg. dia/ mês/ano	Ter. dia/ mês/ano	Qua. dia/ mês/ano	Qui. dia/ mês/ano	Sex. dia/ mês/ano	Sab. dia/ mês/ano
Manhã	* Visita aos clientes 1 e 2					
Almoço	*** Almoço com o supervisor de vendas					
Tarde	** Palestra de Marcelo Ortega					
Noite	* Planejamento de vendas					

O vendedor que preencheu a planilha acima planejou adequadamente seu tempo para a segunda-feira, concentrando mais atividades com um asterisco, intercaladas com atividades de dois e três asteriscos. O desafio do vendedor é encontrar esse equilíbrio entre as atividades produtivas diariamente!

Registro de visitas, entrevistas e resultados

Para utilizar essa ferramenta, você deverá cumprir certos passos, utilizando a planilha a seguir:

- marque semanalmente seus compromissos produtivos;
- relacione numericamente visitas, entrevistas, valor de negócios, despesas e comissões;
- faça uma avaliação diária de produtividade × resultados;
- faça uma avaliação semanal de produtividade × resultados e compare o volume da semana e a relação de crescimento ou declínio de negócios;
- calcule uma média semanal e por dia da semana;
- coloque um asterisco nos dias da semana que apontam crescimento de produtividade acima da média;
- coloque dois asteriscos nos dias da semana que apontam produtividade igual à média;
- coloque três asteriscos nos dias da semana que apontam declínio de produtividade inferior à média;
- faça uma avaliação de produtividade, modificando diversos hábitos para ter um maior resultado contínuo.

Modelo / exemplo de registro de visitas, entrevistas e resultados

	Visitas	Entrevistas	Volume de negócios	Despesas	Comissões
* Segunda	Cliente 1 Cliente 2	Cliente 3, por telefone	$ 1.000	$ 20	$ 200
Terça					
Quarta					
Quinta					
Sexta					
Total Semana					
Total					

O vendedor que está desenvolvendo a planilha de controle acima considerou as atividades na segunda-feira acima da média. Ele deve continuar preenchendo a planilha no restante da semana, para no final verificar a média semanal e avaliar a sua *performance ao longo da semana inteira.*

O mapa de oportunidades é uma excelente ferramenta para quem precisa sair da rotina de ter os mesmos clientes, contatos e resultados. Ele permite que cada vendedor tenha uma visão global de oportunidades nos clientes cativos, clientes inativos, clientes potenciais e *leads*. Tanto o quadro de visitas, entrevistas e resultados como o de horário semanal são de suma importância para quem quer registrar e aprender com seu desempenho. Conheço vendedores que adotaram diferentes estratégias nos seus mercados, depois de descobrir com esses controles que:

- faziam visitas sempre nos mesmos horários e tinham diversas recusas pela saturação de compromissos dos clientes nesses horários;
- em determinados casos, o cliente só compraria se houvesse mais persistência, pois vendas num determinado segmento demandam mais visitas e entrevistas; ou
- vendedores que simplesmente tinham um verdadeiro estudo de seu desempenho por tempo, por segmento, por produto.

Exemplo:

Frank Bettger, autor do livro *Do fracasso ao sucesso em vendas*, fazia esses controles e começou a vender mais para clientes dos quais naturalmente ele teria desistido no primeiro "não" recebido logo no início. Ele prova que sua produtividade aumentou quando verificou que em alguns dias da semana ele desperdiçava tempo em atividades improdutivas. Traduzindo para os dias de hoje: mensagens de WhatsApp, bate-papos (*chats*), falta de um mapa de oportunidades previamente preparado para começar a semana com foco, *casual day*, comum nas sextas-feiras, em que se abandona até mesmo o traje social.

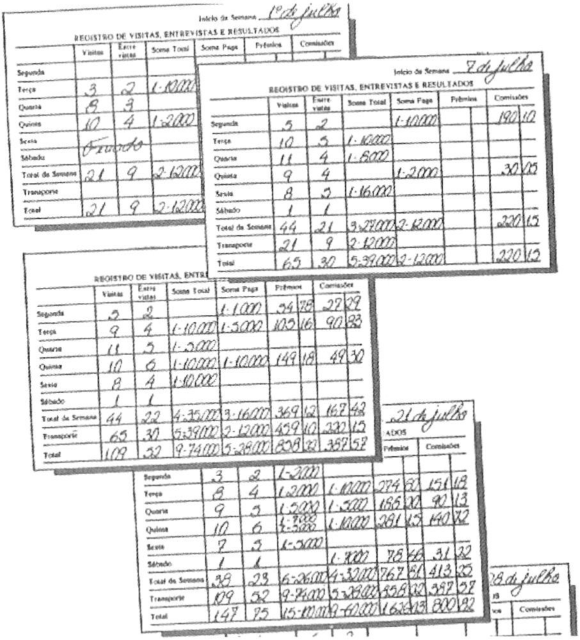

Figura 2.6 Visitas, entrevistas e resultados, de Frank Bettger

Fonte: Bettger, Frank. *Do fracasso ao sucesso em vendas*. Rio de Janeiro: Record, 1995.

QUADRO DE HORÁRIO SEMANAL

	Seg. 14/06	Ter. 15/06	Qua. 16/06	Qui. 17/06	Sex. 18/06
MANHÃ	Rosengarten Siano	Buckler Boryer Dick	Coale Felton McClellen	Madden Haglett Weaver	Barbeiro 08h Planejamento 08h45 - 11h
ALMOÇO	Quigley	Trout	McBride	Kroll	
TARDE	Connelly Dutchel Dick	Louders Ackley Rigley Laroick	Silver Horst Karl	Fretz Paoli Stiefel Derry	
NOITE	Paul Fisher		Henze		

Figura 2.7 Quadro de horários semanais, de Frank Bettger

Quem não gosta de autocontroles tende a se dispersar, e isso, em vendas, é péssimo. Piloto de avião gosta de controle? A resposta é simples: tem de gostar, por questão de segurança, certo? Vendedores e pilotos de avião nesse contexto têm muito a ver.

N) Prepare-se para comunicar!

Desde a fase do aquecimento você deverá estar preparado para se comunicar eficientemente, pois isso será extremamente importante para o seu sucesso em vendas. Seguem abaixo alguns fatos sobre comunicação que você deverá conhecer antes mesmo de interagir com seu cliente, mas nos próximos itens desse livro voltaremos a falar sobre comunicação, que é uma atividade imprescindível para o bom vendedor, em todas as etapas do processo de venda!

Oito fatos sobre comunicação:

1. As habilidades de comunicação não são todas inatas. Você nasceu chorando, não falando. Aprendeu a falar imitando os outros – esse aprendizado não precisa acabar nunca.

2. Suponha que a próxima mensagem que vai transmitir seja mal interpretada. Desse modo, você comunicará com mais atenção, procurará *feedback* e examinará primeiro sempre que não obtiver resultados.

3. Não se preocupe em ser claro, mas em ser compreendido. Pergunte a si mesmo: Como posso transmitir essa mensagem de maneira a não ser mal interpretado?

4. O sentido de uma palavra não pode ser encontrado em um dicionário. As definições estão nos dicionários; os sentidos estão entre os falantes. Nós não transmitimos o sentido; transmitimos mensagens (palavras e comportamentos) que representam e evocam um sentido na mente de nossos ouvintes.

5. O sentido do que você fala vem mais de como se fala do que daquilo que se fala. Vários pesquisadores examinaram essa questão, sendo que um dos mais famosos, Albert Mehrabian, chegou a resultados surpreendentes. Ele concluiu que a mensagem é transmitida por meio de:
   - o que dizemos, isto é, as palavras que usamos – 7%;
   - como dizemos, isto é, o uso da voz em termos de tom, volume e ritmo – 38%;
   - nossa linguagem corporal – 55%.

6. Sempre que uma pessoa está na presença de outra, as duas se comunicam. Mesmo quando pensa que não está transmitindo mensagens, você o está fazendo. Talvez não sejam mensagens que você queira transmitir, mas a outra pessoa as está recebendo. "Você não pode deixar de se comunicar."

7. Das informações armazenadas na mente das pessoas, 87% entraram pelos olhos. Quando suas palavras não estiverem concordando com as suas ações, o seu ouvinte acreditará em suas ações.

8. A comunicação é um processo complexo, contínuo, dinâmico e mutável. Ela não é uma simples troca de palavras, como a maioria das pessoas pensa. Mais coisas podem dar errado do que certo. E se desintegram se você não as consertar.

O) Cinco caminhos para o aquecimento da venda

- **Desenvolva uma atitude positiva**
  Acredite em si mesmo quando você faz o que conhece e será reconhecido como uma pessoa com credibilidade. Pessoas com credibilidade adquirem o poder de persuasão, e você deve lembrar-se de que esse é um ponto essencial para o sucesso em vendas.

- **Procure clientes em potencial**
  Como nem todas as pessoas (ou empresas) são clientes qualificados, cabe a você qualificá-los, mapear oportunidades e vender para eles.

- **Prepare sua apresentação**
  É importante causar uma boa impressão. Para isso, alguns quesitos fundamentais são: aparência, conhecimento prévio das necessidades do cliente e conhecimento de seus produtos/serviços.

- **Seja sincero**
  Você compraria o que você vende? O seu poder de persuasão estará sempre relacionado ao seu genuíno interesse em querer ajudar a resolver os problemas de seus clientes.

- **Busque o consenso**
  Quanto mais a linguagem estiver sintonizada com a pessoa (ou empresa), mais poder de persuasão você terá.

QUAIS AS FERRAMENTAS QUE UM PROFISSIONAL DE VENDAS DEVE TER SEMPRE À MÃO?

São três grandes ferramentas:

1. Mapa de oportunidades: relação de clientes *versus* produtos e serviços que vende ou pode vender. Um mapa deve ser revisto diariamente e projetado para a semana, e não para o mês. Ele dará uma visão clara de quais produtos você mais vende e quais perfis de cliente mais compram. Assim, você pode se preparar melhor para vender outros produtos e para clientes com outros perfis.

(continua)

(continuação)

2. **Agenda e registro de atividades em vendas:** além de anotar o que fazer, é preciso registrar sua produtividade. Quantidade de clientes (visitas, conversas por dia), volume de propostas, volume de despesas, faturamento previsto e comissões; aliás, comissão, vendedor adora calcular. Compare sua produtividade da semana com a da semana anterior e veja como pode melhorar na próxima.

3. **Caderno para registrar informações da venda:** dados do cliente, dados do produto/serviço pelo qual ele se interessou/vantagens que o cliente quer, condições comerciais, data da proposta/data para *follow-up* (retorno ao cliente). Existem perguntas eficazes a serem feitas, e o vendedor deve se preparar para descobrir do que o cliente precisa, principalmente o que chamo de DNA da venda (motivo maior para decidir por comprar).

QUIZ

1. Quais são as três principais ações que você pode realizar para iniciar uma conversa de vendas com entusiasmo?
2. Por que é importante criar uma primeira impressão positiva?

SUGESTÃO DE APLICAÇÃO

Pratique iniciar conversas de vendas com um cliente real ou em uma simulação, focando em transmitir energia e entusiasmo.

PLANO DE AÇÃO

Em uma folha, descreva de que maneira você aplicará o que aprendeu.

- Com quem (cliente).
- Como.
- Quando.
- Onde.

7 Dicas VENDEDORAS para o aquecimento da venda

O que você deve fazer depois de ter lido esse fundamento do aquecimento e assim se tornar um profissional bem preparado para vender:

1. **ENTENDA SEU MERCADO:** O que mais importa para começar bem o trabalho em vendas não é conhecer tecnicamente o produto ou serviço que vende, mas por quê, como e quando o mercado compra, quais os maiores concorrentes e o que você usará como benefícios gerais na sua linguagem inicial com os potenciais clientes.

2. **UTILIZE O HISTÓRICO DE VENDAS PARA CRIAR MERCADOS:** Nunca ignore clientes inativos, casos de sucesso e todas as referências que sua empresa, produto e serviço possuem. Muitos vendedores acham que apenas ter *leads* ou certo número de cartões pessoais, contatos e listas é suficiente para gerar um volume de prospecções que lhe renderão pedidos no final do mês. Mas, para o aquecimento, é fundamental ser mais preciso ao analisar evidências que comprovem o caminho que você deve perseguir e sustentará seu resultado. Por isso, observe o segmento empresarial de cada cliente, o perfil de seus consumidores antigos, faixa etária, poder aquisitivo etc.

3. **CRIE SEU PRÓPRIO DISCURSO:** É comum que vendedores sejam preparados pelo líder para falar sobre seus produtos com informações pré-formatadas. Mas alguns vendedores nem entendem realmente para que o produto serve e saem vendendo. É preciso que você faça uma avaliação, pesquisa e, principalmente, entenda as diversas vantagens e benefícios para oferecer aquilo que você vende.

4. **FAÇA SEU MAPA DE OPORTUNIDADES PELO MENOS UMA VEZ POR SEMANA:** O mapa de oportunidades deve ser feito com frequência semanal no mínimo. Há quem faça duas ou três vezes por semana, mas o maior motivo para eu dizer isso é para aumentar suas chances de obter resultado com ele. Utilizando as três primeiras dicas infalíveis de aquecimento, faça seu mapa com frequência e perceberá que sempre haverá clientes que podem comprar e comprar sempre.

5. **CRIE UMA AGENDA PRODUTIVA:** Sua agenda deve ser aprimorada com a excelente técnica da comparação. Você anota normalmente em sua agenda tudo aquilo que precisa fazer naquele dia, não é mesmo? Proponho que anote tudo o que fez realmente, inclusive compromissos pessoais, pausas para bate-papos, mensagens diretas, leitura de WhatsApps, assuntos imprevistos etc. No começo dá trabalho, mas serve para fazer uma real comparação entre o que estava planejado e o que ocorreu de fato. Compare a agenda real com a agenda prevista (convencional) e veja as diferenças entre elas. Defina quanto tempo você utilizou com coisas não previstas e ainda quantas delas são produtivas, ou seja, que realmente deveriam ser feitas para que no final do mês você tenha sua meta alcançada.
Se quiser, faça ainda uma comparação entre semanas e veja em um dia específico da semana como está seu desempenho: se melhor ou pior. À medida que analisa, procure definir prioridades e mova as coisas improdutivas para um período determinado do dia, por exemplo, ler WhatsApps, tarefa que mais consome nosso tempo e pode ser feita em dois ou três momentos do dia, logicamente se você não depende disso para vender. Cuidado com aquilo que você faz porque gosta, mas exagera e esquece de atividades também importantes como fazer o mapa de oportunidades.

6. **FAÇA PROSPECÇÃO COM QUALIDADE E CRIATIVIDADE:** Para prospectar, é preciso ser diferente e criativo. Qualidade ao prospectar clientes potenciais requer atenção aos detalhes, inovação e mudanças em tudo aquilo que não funciona mais. Se sua empresa só faz um tipo de técnica de prospecção, como mala direta, e isso não tem funcionado mais, é hora de você, profissional de vendas, ajudar. Pense em algo novo, mas pergunte aos clientes como eles gostariam de saber da existência de sua empresa. De que tipo de divulgação eles mais gostam e como se sentem valorizados para indicá-lo a amigos. Pesquisa de mercado é uma ótima saída para a inovação e a qualidade de prospecção, mas o vendedor é definitivo na execução da prospecção.

7. **VÁ À LUTA:** Não perca tempo com aquilo ou aqueles que não estão diretamente ligados a seus objetivos de vendas. Um vendedor deve planejar, prospectar e cuidar de seus clientes ativos o tempo inteiro. Quem atende clientes deve também ter uma agenda regrada, preservando tempo para planificar números de clientes atendidos *versus* vendas realizadas, mapeando perfis de clientes em mapa de oportunidades, como vimos anteriormente no Fundamento 1 – Construa aquecimento.

Fundamento 2 – AFINIDADE

CONSTRUA AFINIDADE E SINTONIA

A) Afinidade – A melhor forma de cativar as pessoas

> *"Agora vejamos. Estivemos juntos durante dez minutos. Posso afirmar que você não sabe nada sobre mim, minha empresa, nossos produtos, nossos concorrentes, nosso mercado ou nossos desafios. O que era que você estava tentando me vender mesmo?"*
>
> PONTO DE VISTA DE UM COMPRADOR

Criar afinidade, ou sintonia, é o segundo fundamento do processo de venda. Para criar afinidade, os profissionais de vendas precisam aprender a mais importante razão que leva uma pessoa a comprar. Qual é essa razão? Quando nos preparamos para interagir de forma eficiente com o interlocutor, devemos priorizar a relação ganha-ganha desde o início das conversações, interpretando sinais de concordância ou advertência e utilizando uma comunicação eficiente para cada caso, aumentando assim a potencialidade da venda.

Para criar afinidade, você deve acreditar no que vende e estar convicto de que isso trará benefícios ao seu cliente. Elogios, sorriso, apresentação pessoal, empatia, carisma e valorização do nome do cliente são componentes imprescindíveis para o sucesso em vendas. Ou seja, é preciso construir sintonia com o interlocutor, como maneira de obter sua credibilidade e abrir caminho para apresentar as soluções de negócios que você deseja propor ao cliente. Para que isso aconteça, existem alguns tópicos a serem considerados, que discutiremos neste capítulo.

B) Objetivos da afinidade

Ao terminar a leitura deste capítulo, você estará apto a:

- melhorar a comunicação inicial com as outras pessoas;
- desenvolver afinidade e sintonia com o seu interlocutor;
- conhecer os conceitos de *rapport*, FADA e MBA;
- saber utilizar as perguntas da maneira certa e a seu favor;
- apresentar-se adequadamente diante do seu cliente.

C) Apresentação pessoal

A apresentação pessoal é um dos aspectos mais importantes para profissionais de vendas. Sua imagem é o primeiro passo para uma primeira boa impressão e pode reforçar credibilidade, confiança e empatia com os clientes. Atualmente, com ambientes mais diversos e híbridos (presenciais e virtuais), adaptar-se ao contexto e à cultura da empresa ou cliente é essencial. Ainda assim, a apresentação pessoal deve ser tratada com atenção. Seguem algumas dicas sobre como apresentar-se perante o seu cliente:

- APARÊNCIA LIMPA E BEM CUIDADA

A apresentação pessoal é um aspecto fundamental para causar uma boa impressão, especialmente em ambientes profissionais. Por isso, é importante certificar-se de que suas roupas estejam sempre limpas, bem passadas e em boas condições, transmitindo cuidado e profissionalismo.

Atenção também aos detalhes: manter os cabelos e unhas bem cuidados e os sapatos limpos e polidos faz toda a diferença na imagem que você projeta. Além disso, evite o uso de perfumes muito fortes, que podem causar desconforto; prefira fragrâncias suaves, que sejam agradáveis sem se tornarem invasivas. Esses cuidados demonstram respeito com o ambiente e com as pessoas ao seu redor.

- Adapte-se ao ambiente

Adaptar sua maneira de se vestir ao contexto é essencial para transmitir credibilidade e sintonia com o ambiente. Em reuniões formais, o ideal é optar por roupas mais clássicas e profissionais, que reflitam seriedade e comprometimento. Já em ambientes mais descontraídos, como startups, um visual casual elegante é mais adequado, mantendo o equilíbrio entre conforto e sofisticação.

Independentemente do local, é sempre importante pesquisar previamente a cultura do cliente ou da empresa com quem você irá se encontrar (ou se reunir virtualmente). Isso demonstra preparo, respeito e aumenta suas chances de causar uma impressão positiva.

- Cores e estilo

Na hora de escolher o que vestir, uma boa dica é apostar em tons neutros como azul-marinho, cinza, branco e bege — essas cores são seguras, passam profissionalismo e funcionam bem em praticamente qualquer situação. Mas isso não quer dizer que o visual precisa ser sem graça! Você pode (e deve) adicionar toques de cor em acessórios ou em peças menores, como um lenço, uma gravata ou uma blusa leve, para mostrar um pouco da sua personalidade.

Só tome cuidado para não exagerar: roupas muito chamativas ou com estampas muito grandes e coloridas podem desviar a atenção e até causar uma impressão negativa. O ideal é encontrar um equilíbrio entre estilo e bom senso.

Além destas dicas mais abrangentes e que valem para todos, apresento a seguir algumas dicas mais direcionadas para homens e mulheres, de forma mais específica. Confira e comece hoje mesmo a seguir estas dicas!

Visual para homens

Em ambientes formais

- Camisa social: tons claros são preferíveis (branco, azul-claro ou cinza).
- Gravata (se necessário): tons sólidos ou padrões discretos.
- Calça social ou chino/sarja: que veste bem, com bom caimento, em cores neutras como cinza ou azul-marinho.
- Blazer ou terno: adapte para ocasiões mais formais.
- Sapatos sociais: bem cuidados, em couro marrom ou preto.

Em ambientes informais (casual elegante)

- Camisa polo ou camisa social sem gravata.
- Calça chino/sarja ou jeans escuro (sem rasgos).
- Blazer casual ou suéter com bom caimento.
- Tênis de couro ou sapatos casuais limpos.

Dicas extras

- Evite acessórios excessivos; relógios clássicos são ótimos complementos.
- Cabelos e barba bem alinhados transmitem cuidado e profissionalismo.

Visual para mulheres

Em ambientes formais

- Blusa ou camisa social: prefira tecidos leves e cores neutras ou suaves.
- Blazer com bom caimento: em cores como preto, azul-marinho ou bege.

- Calça social ou saia lápis: comprimento adequado, que veste bem, sem ser muito justa.
- Sapatos: scarpins ou sapatilhas de couro em tons neutros.

Em ambientes informais (casual elegante)

- Blusas ou camisas estilosas, mas discretas (evite decotes profundos).
- Calça chino/sarja, jeans escuro ou saia midi.
- Blazer casual ou cardigan para um toque refinado.
- Sapatos casuais elegantes: mules, loafers ou tênis de couro.

Dicas extras

- Acessórios: relógios, brincos pequenos ou pulseiras discretas.
- Maquiagem: leve e natural, com tons suaves.
- Cabelos bem cuidados, soltos ou presos, de forma alinhada.

Não quero me ater a estas dicas de apresentação pessoal como únicas, e sim deixá-las como dicas e uma boa receita para causar boa impressão. Existem algumas tendências atuais em apresentação profissional, que veremos a seguir.

Tendências atuais para ter um ótimo visual profissional

Atualmente, as tendências em apresentação e visual profissional mostram uma mistura interessante entre o clássico e o casual, conhecida como híbrido moderno. Isso significa combinar peças tradicionais, como blazers, com elementos mais descontraídos, como tênis, criando um visual atual e versátil.

Outro ponto que ganha cada vez mais espaço é a sustentabilidade: muitas marcas têm investido em roupas elegantes feitas com materiais sustentáveis, alinhando o estilo pessoal a valores importantes para os clientes. Além disso, o conforto deixou de ser um detalhe e virou prioridade, com tecidos flexíveis e confortáveis, como a alfaiataria com elastano, que são perfeitos para aguentar longas jornadas de trabalho sem perder a elegância.

Por fim, o minimalismo também está em alta, valorizando looks simples, elegantes e sem excessos, que transmitem profissionalismo com sobriedade.

Em resumo, independentemente do ambiente, você deve lembrar que a forma como se veste é uma extensão da sua marca pessoal. Por isso, é fundamental ajustar seu estilo para refletir a mensagem que deseja passar, seja ela de profissionalismo, criatividade ou acessibilidade. E nunca se esqueça: confiança é o melhor acessório que você pode usar. Vista-se de maneira que se sinta bem e preparado para conquistar o cliente, gerando rapport. Aprenda o significado deste termo no próximo item.

D) *Rapport*

Rapport é uma importante ferramenta de Programação Neurolinguística (PNL). Essa palavra vem do francês e significa sintonia, afinidade ou, ainda, empatia. Trata-se da habilidade de estabelecer uma afinidade com qualquer pessoa, em diferentes canais de comunicação, seja visual, auditivo e cinestésico, ou seja, emocional. Por meio dessa habilidade podemos estabelecer confiança com a outra pessoa, gerando afinidade. O *rapport* está para a PNL como a tabuada está para a matemática: é um princípio básico para entender como as pessoas pensam e se aproximar delas.

A PNL foi originalmente criada por Richard Bandler e John Grinder na década de 1970 e significa o estudo da linguagem do cérebro humano. Em outras palavras, significa que temos como programar e desprogramar os significados das coisas, ou ainda criar um melhor relacionamento por meio do entendimento da PNL. Em vendas, podemos fazer uma melhor comunicação se entendermos melhor o cliente e como ele pensa. Existem grandes literaturas sobre PNL aplicada a vendas, e um grande conhecedor de PNL em vendas é Joseph O'Connor, autor do livro *Sucesso em vendas com PNL*.

Não pretendo entrar nos detalhes da Programação Neurolinguística nesse livro, mas quero deixar registrado que é fundamental saber criar *rapport*, entendendo como as pessoas funcionam e pensam e criar sintonia.

Rapport é acompanhar e conduzir para um estado de empatia. Entretanto, não significa imitar. Empatia significa que as coisas empataram e, por isso, estamos afinados, sintonizados e prontos para iniciar uma relação. Podemos criar *rapport* por meio de palavras, repetindo-as dentro do contexto em que nossos clientes as estão usando:

Visual – visão, perspectiva, cenário, luz, brilho etc.
Exemplo: Eu vejo que sua empresa quer ter uma perspectiva de negócios muito melhor esse ano.

Auditivo – ouço, me soa, barulho, ritmo etc.
Exemplo: Você quer fazer barulho com a compra de nosso produto. O aumento da lucratividade soa muito bem, não é mesmo?

Cinestésico – sentir, perceber, emoção, vibrante, caloroso etc.
Exemplo: Eu sinto que é o momento certo para sua empresa reconhecer seu desempenho após o sucesso de nosso projeto.

Esses são exemplos de respostas de um vendedor criando *rapport* com seu potencial cliente depois de uma entrevista. Veremos que isso será muito bem explorado mais à frente, no momento de descobrir as necessidades. Também podemos criar *rapport* por meio de outros aspectos:

- o aperto de mão é uma forma cinestésica de criar *rapport* e deve ter equilíbrio. Não se aperta fortemente a mão de alguém que cumprimenta levemente;
- o tom de voz também é importante e deve estar no mesmo nível emocional. Um cliente, quando está bravo, quer que o

vendedor o acompanhe nesse sentimento e o leve para um outro estado, mais calmo;
- falar com palavras visuais quando detectar um interlocutor (cliente) que as utiliza durante uma conversa é uma forma de criar *rapport visual*.

Faremos um pequeno teste, e você poderá avaliar com que canal de comunicação tem maior afinidade:

Suponha que está procurando uma casa para comprar e, por mensagens diretas, o corretor narra as características de três imóveis para sua escolha:

Primeira opção:

É uma casa bonita, em tons pastel e com uma arquitetura moderna. Tem uma bela vista para uma imenso lago azul e pode-se ver o pôr do sol.

Segunda opção:

É uma casa com muita harmonia, misturando o som dos pássaros com o do riacho de campo. Muito silêncio e paz, misturados com a sonoridade da natureza, dão um toque especial a essa casa.

Terceira opção:

É uma casa aconchegante, e nela você se sentirá muito seguro e confortável. Localizada num lugar cheio de alegria e com muita natureza, para acomodar bem você e sua família.

Qual casa você compraria?

Trata-se da mesma casa! Narrada de três maneiras diferentes, respectivamente com palavras: visuais, auditivas e cinestésicas.

A maioria das pessoas prefere a primeira casa, ou melhor, a primeira narração, mas isso não quer dizer que somos sempre visuais, auditivos ou cinestésicos. Significa que estamos mais receptivos por um canal do que pelo outro. Quando identificamos por qual canal o cliente está receptivo, podemos criar *rapport,* igualando-se nas palavras, *bem como acompanhando gestos e movimentos.*

As pessoas gostam de pessoas que são iguais a elas.

Se, contudo, queremos realmente conduzir com *rapport*, é importante considerar os níveis de funcionamento do cérebro humano, ou níveis neurológicos, descritos a seguir:

Figura 2.8 Níveis neurológicos

O conjunto dos diversos níveis neurológicos indica como uma pessoa é, desde as características mais óbvias, que se encontram nos níveis neurológicos mais baixos, até as mais específicas, que estão no topo dos níveis neurológicos. Assim, temos os seguintes níveis:

Ambiente: este é o nível neurológico mais baixo e, portanto, mais superficial e fácil de perceber. Está relacionado ao meio em que vivemos, às nossas fronteiras. Por exemplo: uma pessoa que vive na cidade será diferente de alguém que vive no campo, em diversos sentidos. Nesse nível também recebemos influências culturais, transmitidas por meio das outras pessoas que vivem no mesmo ambiente que nós.

Comportamento: indica como nos comportamos habitualmente, a forma como agimos. Por exemplo: existem pessoas organizadas, outras, desorganizadas. Alguns são tímidos, outros, expansivos.

Capacidades: indica como somos e em que direção nossas atitudes são tomadas. Geralmente essas atitudes estão diretamente relacionadas com o nível superior, onde estão nossas crenças. Ou seja, as pessoas agem conforme suas crenças pessoais.

Crenças e valores: nesse nível neurológico estão localizados as questões nas quais acreditamos e nossos valores pessoais. Por exemplo: algumas pessoas acreditam que determinada marca de um produto possui mais qualidade do que outra, ou que determinado alimento faz mal à saúde. As crenças são difíceis de mudar, por isso é importante conhecer as crenças de seus clientes!

Identidade: indica a individualidade de cada pessoa, ou seja, a combinação de diferentes crenças, comportamentos, capacidades etc. forma o âmago de uma pessoa. Por isso, as pessoas são sempre diferentes, e é preciso compreendê-las individualmente.

Quando entendemos as pessoas e criamos *rapport* nos níveis mais baixos, conseguimos pouca afinidade. Se eu conduzir uma pessoa para outro ambiente, dificilmente mudarei seu jeito de agir, sua capacidade de fazer as coisas de forma diferente, suas crenças, seus valores e sua identidade. Mas, quando eu foco em níveis como comportamentos, eu crio *rapport* pela maneira de agir, consigo conduzir essa pessoa a um ambiente melhor. Se criarmos *rapport* no nível de capacidades, isso conduzirá a melhores comportamentos e ambientes, e, num nível ainda mais alto, quando se tem *rapport* por crenças e valores, novas capacidades mudam, e assim por diante.

Imaginem se estamos em sintonia no maior nível, que é o da identidade, temos um universo de ambientes, comportamentos, capacidades, crenças e valores para conduzir da melhor maneira possível. Mas lembre-se, as pessoas o seguem pelo que você é, e não pelo que pensa que é ou diz que é. Entender isso é importante para saber se posicionar com cada cliente com maior facilidade de despertar a atenção e desfazer barreiras.

Esse livro está citando *rapport* de forma superficial, pois não é meu objetivo detalhar essa importante ferramenta da PNL, uma vez que existem diversos livros que ensinam e exploram isso. *Rapport* deve ser encarado aqui como uma ferramenta para criar afinidade, e só se desenvolve essa habilidade praticando, coisa que fazemos no treinamento "Sucesso em vendas".

Além do *rapport*, existe outra técnica exclusiva para despertar atenção do cliente, que leva o nome de FADA.

E) FADA – Despertadores de atenção

Existem quatro despertadores básicos de atenção que podem ser relembrados pelo acrônimo FADA. Esses despertadores são uma transição entre o *rapport* e o restante do processo de vendas e podem inclusive ser úteis para marcar encontros comerciais. São eles:

- Fato – Recorrer ao relacionamento positivo entre seu prospectivo cliente e suas evidências. Reflita: Que contatos mútuos você tem com seu cliente?
  Exemplo: Sr. Cliente, quem me indicou para contatar sua empresa foi o fulano, gerente da empresa tal...

- Artefato – Apresentar algum objeto que ilustre um ponto informativo importante. Reflita: O que posso mostrar ao meu cliente de modo a captar-lhe a atenção?
  Exemplo: Sr. Cliente, aproveitando nosso encontro, eu lhe trouxe uma revista que destaca muitas dicas de economia em sua área, achei que poderia lhe interessar...

- Dica – Sugestões, ideias ou novos negócios que sejam viáveis e úteis para o cliente. Reflita: Que informação oportuna, relevante e valiosa posso compartilhar com esse cliente?
  Exemplo: Caro cliente, notei que sua empresa tem muita estrutura em informática. Quero aproveitar para recomendar um site que descobri que melhora a performance da sua rede, sem gastar muito. Apenas uma sugestão.

- Apreciação – Comentário sobre uma qualidade positiva seguido de uma pergunta referente a essa qualidade. Reflita: Que qualidades possui esse cliente em particular?
  Exemplo: Caro cliente (diga o nome), parabéns pela explicação e pela excelente entrevista que deu para a Revista Tal. Muito bem colocado o seu ponto de vista.

Depois de criar *rapport* e utilizar-se de um dos caminhos FADA para iniciar a conversa com o cliente, você precisa falar sobre assuntos que interessem a ele.

O que mais interessa ao cliente são os benefícios gerais de seu produto ou serviço, ou seja, aquilo que ele pode ganhar com você. Descrever rapidamente algo que interesse ao cliente é uma habilidade fundamental do vendedor, pois dificilmente as pessoas têm muito tempo para ouvir explicações. Quando falamos de forma eficaz sobre aquilo que fazemos, aplicamos o benefício como base. Veja se consegue responder a esta pergunta em 30 segundos: *Com que você trabalha?*

Você acredita que sua resposta vai interessar a alguém? Pode ser que sim, mas muitos profissionais se enrolam ao descrever seu trabalho. São, principalmente, prolixos e precisam de pelo menos três minutos. Podemos fazer essa apresentação, respondendo a essa pergunta, em no máximo 30 segundos. Essa é uma técnica que, quando praticada, se torna uma ferramenta indispensável. Por ser o momento em que o benefício é aplicado, chamo pelo acrônimo MBA. Quer fazer um MBA em 30 segundos...?

F) MBA – Momento do benefício aplicado

O que você responderia se eu perguntasse com que você trabalha?

Veremos, agora, uma maneira diferente de responder a essa pergunta com a técnica chamada MBA em 30 segundos.

O "momento do benefício aplicado" contém quatro etapas inter-relacionadas:

Quadro 2.1 Etapas do MBA – Momento do benefício aplicado

1) Comece com um benefício que seu produto/ serviço esteja provendo, que se relacione ao negócio do cliente em perspectiva.	Capta atenção favorável.
2) Uma visão ampla de como você / sua empresa / seu produto está provendo esse benefício.	Cria confiança.
3) Sugira os benefícios similares que são possíveis ao seu prospectivo cliente.	Cria interesse.
4) Conclua pedindo permissão para fazer algumas perguntas ou para marcar uma entrevista / reunião.	Transição para o passo *interesse*.

Para aplicar essas etapas, há algumas dicas importantes:

- um momento do benefício aplicado deve criar credibilidade;
- um momento do benefício aplicado deve ser breve – 30 segundos ou menos;
- o momento do benefício aplicado deve ser verdadeiro.

Exemplo:

Caro cliente, nossa empresa trabalha com aumento de produtividade e redução dos custos de nossos clientes *(capta atenção).*

Fazemos isso por meio de profissionais capacitados e ferramentas de gestão adequadas *(cria confiança).*

Empresas tais como A, B e C são nossas clientes há anos, e acreditamos que tudo isso se aplica à sua empresa *(desperta atenção).*

Podemos conversar mais agora ou marcamos uma reunião para a semana que vem? *(transição para o passo interesse).*

G) Comunicar-se bem é fundamental

Um dos aspectos mais críticos para desenvolver sintonia com o seu cliente, em especial num primeiro contato, é a sua habilidade de comunicação.

O conceito de comunicação é extremamente simples; consiste em um emissor transmitindo uma mensagem a um receptor, por um meio qualquer, que pode ser a voz, a escrita ou outro. A figura a seguir representa esse processo:

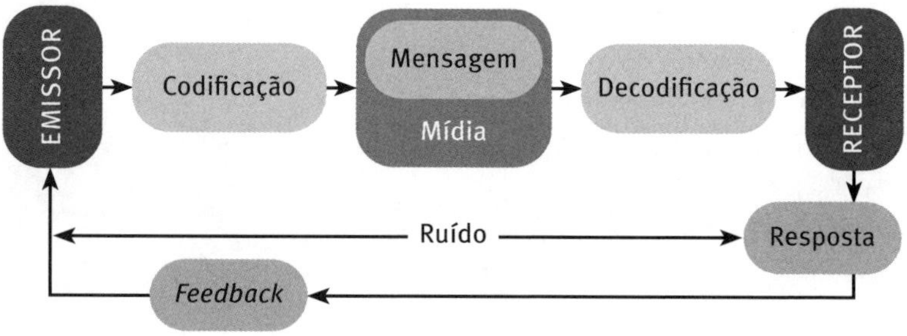

Figura 2.9 Processo de comunicação

Fonte: KOTLER, Philip. *Administração de marketing*. São Paulo: Prentice Hall, 1998. p. 571.

A Figura 2.9 demonstra que existem outros processos envolvidos na transmissão de uma mensagem do emissor para o receptor, que são chamados de *codificação* e *decodificação*. A codificação é transformar o que se quer comunicar em algum código que seja compreendido pelo receptor. Esse código pode ser formado por palavras, símbolos, cores etc. Por exemplo: na cultura ocidental, a cor preta representa luto. A decodificação, por sua vez, é o processo que o receptor utiliza para compreender e assimilar a mensagem, de acordo com suas crenças e sua percepção, ou seja, sua forma de ver o mundo.

Se algum problema ocorrer nesse processo, chamamos de ruído, que são complicadores que impedem a mensagem de ser compreendida conforme o planejado. Por exemplo: para os orientais, a cor branca significa luto, ou seja, eles não compreenderiam uma viúva vestindo-se de preto.

Como já dissemos no aquecimento, a comunicação é um processo extremamente importante que acompanhará o vendedor em todos os passos do processo de vendas. No próximo passo, chamado interesse, falaremos sobre os muros que podem ser construídos entre o vendedor e o comprador, como consequência dos ruídos na comunicação.

Portanto, é importante recordar que a comunicação efetiva é aquilo que o receptor entendeu, e não o que o emissor pretendeu dizer.

A seguir, discutiremos dois aspectos específicos sobre a comunicação, importantes para o sucesso em vendas. São eles: o uso de perguntas e a comunicação por mensagens diretas.

H) Importância das perguntas

O que faz a diferença numa comunicação eficiente, em vez de supor, é saber perguntar, de forma aberta, para demonstrar o seu interesse e criar empatia logo no início e perguntar de modo fechado para obter confirmação.

O poder das perguntas

- perguntas extraem respostas;
- perguntas revelam informações;
- perguntas nos fazem pensar;
- perguntas persuadem;
- perguntas dissipam o conflito;
- perguntas mantêm o vendedor no controle;
- perguntas revelam necessidades.

Quando fizer uma pergunta, atenção: é importante saber utilizar as palavrinhas: "se", "não" e "mas".

Muitos terapeutas e comunicadores eficazes usaram intuitivamente as conjunções "se" e "quando" da maneira correta para um bom resultado. As imagens e os processos cerebrais produzidos, quando se usa cada um deles, são completamente diferentes.

Experimente o seguinte:

Pense em algum resultado que você ainda não obteve. Então, diga sobre o dito resultado (x):

* "Se eu alcançar .../ obterei x".

Preste atenção como é sua imagem mental, qual é o processo, se existe algum, no nível da experiência sensorial. Como você se sente sobre x agora?

Então, diga sobre o mesmo resultado:

* "Quando eu alcançar / obterei x".

O que acontece agora com a imagem mental? Qual é o processo iniciado em sua mente por essa sentença? E como você se sente sobre x agora?

O "não" em perguntas também pode ser uma armadilha.

Experimente o seguinte:

Pense num vendedor te abordando da seguinte forma:

* "Você não quer comprar isto?"

Preste atenção como é sua imagem mental. A resposta a essa pergunta já foi colocada pelo próprio vendedor: Não.
* Outros exemplos.
Pois não? Não podemos conversar mais sobre meu produto?
Você não quer mesmo isto?
Agora, quando evitamos colocar o "não":
"Podemos conversar mais...? Você quer algo que o ajude a realizar seu grande sonho?"
O que acontece agora com a imagem mental? Qual é o processo iniciado em sua mente por essa sentença? E como você se sente sobre x agora?
O "mas" é uma importante ferramenta, porém em perguntas pode comprometer sua venda.
Perceba que acima eu usei o "mas" e o que vem antes dele foi praticamente apagado.
O "mas" serve como uma "borrachinha" daquilo que vem antes dele. Podemos substituí-lo em algumas situações por palavras como: "inclusive", "e", "também".

Experimente o seguinte:

Pense em algum resultado que você ainda não obteve. Então diga sobre o dito resultado (x):
* "Você é eficiente, mas podia ter sido melhor!"
Preste atenção como é sua imagem mental, qual é o processo, se existe algum, no nível da experiência sensorial. Como você se sentiria se ouvisse isso?
Então, diga sobre o mesmo resultado:
*"Você é eficiente e inclusive poderia ter sido melhor!"
O que acontece agora com a imagem mental? Qual é o processo iniciado em sua mente por essa sentença? E como você se sentiria agora se ouvisse dessa maneira?

Tipos de pergunta

Perguntas abertas
Têm como objetivo iniciar um assunto ou explorar novos caminhos. Geralmente começam com "como", "o quê", "onde", "quando", "qual" e "quem".

Perguntas fechadas
São estruturadas de modo a obter confirmação de entendimento. Geralmente começam com "é" ou "não é", "será" ou "não será".

Perguntas diretas
São aquelas que pretendem chegar à verdade. Com elas, fica mais fácil para o cliente dizer o que deseja e, para você, entender o que ele quer dizer: "O que você deseja?".

Perguntas manipuladoras
São feitas para levar os clientes a dizer aquilo que você quer que eles digam. Levam a pessoa a um caminho predeterminado e com menos opções: "Você realmente quer isto, não é?".

Criando oportunidades por meio da habilidade de perguntar

O Quadro 2.2 reproduz uma técnica de memorização chamada *empilhamento*. Ou seja, a sequência correta de perguntar é de baixo para cima. Imagine que você precisa se lembrar de fazer várias perguntas ao falar inicialmente com um cliente e é comum que se esqueça de perguntar algo. Se memorizar os objetos, irá se lembrar de cada etapa de perguntas e fazer, assim, uma comunicação eficaz.

No exemplo, os objetos que sugerimos são: cartão de visita; pessoas trabalhando; dois CDs (pode colocar aqui algo que lembre o seu produto); calculadora; sacos de dinheiro; pensador; uma agenda aberta.

Quadro 2.2 Técnica de memorização – empilhamento

Ilustração	O que eu quero saber?	Exemplo de perguntas que devo fazer
	Próximos passos?	Quais são as próximas etapas? Após os testes, posso ligar para marcarmos uma reunião? Você tem agenda na próxima segunda-feira?
	De quem depende?	Como funciona o processo de compra? Esse projeto depende do que para ser aprovado? Está na sua alçada?
	Existe verba?	Esse projeto está dentro do *budget*, ou seja, do orçamento disponível? Existe viabilidade financeira?
	Qual é a importância?	O que está gerando esse interesse? Por que sua empresa precisa disso? Como será feita a escolha e a avaliação desse projeto? Qual é a prioridade?
	Qual é o interesse primário?	Do que sua empresa necessita? Como é que sua empresa faz...? Como deveria ser?
	Qual é a posição dessa pessoa?	Qual é o seu papel na empresa? Você responde por qual área? Qual é o seu compromisso nesse projeto?
	Qual é o nome dele(a) e o nome de sua empresa?	Seu nome é...? O que sua empresa faz...?

l) Usando mensagens diretas

As mensagens diretas são uma ferramenta valiosa para todo vendedor, e saber usá-lo é uma habilidade que poucos têm. Existem desafios que são próprios desse meio de comunicação, que, de um modo geral, é usado para:

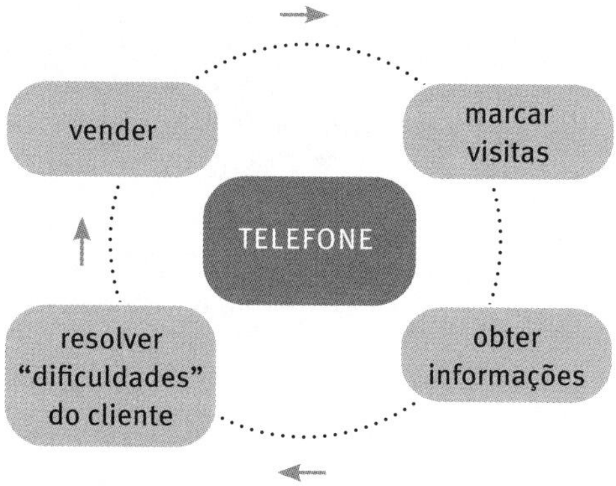

Figura 2.10 Ciclo de funções comuns ao telefone

Na maioria das vezes, o passo inicial dos vendedores é usar as mensagens diretas para marcar reuniões e entrevistas. Os outros três usos importantes das mensagens diretas envolvem todo o processo de vendas. Todas as quatro atividades são fundamentais para o sucesso em vendas. O processo de vendas não muda para quem vende por mensagens diretas, porém apresenta uma série de desafios:

- é fácil para o cliente nos evitar;
- muitas pessoas o consideram uma interrupção de suas atividades;
- a atenção que obtemos por mensagens diretas é dramaticamente menor do que nos contatos pessoais;
- a linguagem do corpo, um ótimo meio de comunicação nos encontros face a face, é virtualmente eliminada. Não podemos ver as reações dos clientes;

- é fácil para o cliente fazer algo diferente enquanto fala conosco por mensagens diretas;
- a tecnologia nos apresenta novos desafios para a comunicação telefônica.

Dicas para mensagens diretas:

- diga sempre o seu nome e o de sua empresa;
- utilize *rapport* (tom de voz e clareza) ao falar;
- diga com quem quer falar;
- mencione que o assunto é importante para essa pessoa;
- não menospreze quaisquer intermediários (secretárias, telefonistas etc.);
- utilize com intermediários, bem como com seu contato principal, as técnicas FADA e MBA;
- nunca se esqueça de ser objetivo: as pessoas não têm tempo para perder.

J) Os caminhos para criar afinidade

Resumindo o que vimos neste capítulo, apresento a seguir os caminhos para construir afinidade e sintonia com seu cliente.

- **Apresente-se adequadamente**
  A primeira impressão é a que fica. Esse é um ditado antigo, mas válido até hoje. Estudos já demonstraram que as pessoas bem apresentadas possuem maior credibilidade e são mais bem recebidas. Ajuste o seu visual ao seu ramo de negócios e ao tipo de pessoa que será seu interlocutor.

- **Desenvolva *rapport***
  Isso não quer dizer que você deverá imitar gestos, atitudes e maneira de falar de seu cliente. Simplesmente significa compreender em que canal o cliente está mais receptivo e sintonizar-se com ele.

- **Utilize o FADA e o MBA**
  Essas técnicas são muito úteis, tanto como despertadores de atenção como para alcançar uma comunicação mais assertiva com o cliente.

- **Comunique eficazmente**
  Para isso, é preciso compreender o processo de comunicação e evitar os ruídos que podem prejudicar o entendimento da mensagem que você quer transmitir ao seu cliente.

- **Saiba fazer perguntas e utilizar as mensagens diretas**
  As perguntas são muito importantes para conhecer melhor o cliente, a empresa onde ele trabalha e até mesmo a situação que está sendo vivenciada no momento. As mensagens diretas agilizam a comunicação, porém exigem cuidados por ser um meio diferenciado da comunicação pessoal.

QUIZ

1. Quais são as melhores técnicas para criar uma conexão emocional com o cliente?
2. Por que a escuta ativa é essencial para construir afinidade?

SUGESTÃO DE APLICAÇÃO

Crie um vínculo genuíno com um cliente atual, mostrando empatia e interesse sincero em suas necessidades.

PLANO DE AÇÃO

Em uma folha, descreva de que maneira você aplicará o que aprendeu.

- Com quem (cliente).
- Como.
- Quando.
- Onde.

7 Dicas VENDEDORAS para despertar afinidade com as pessoas

O que você deve fazer depois de ter lido esse fundamento da afinidade para assim se tornar um profissional mais efetivo ao criar empatia, sintonia e afinidade:

1. **Nunca deixe o cliente com a obrigação de retornar a você:** O controle de uma venda deve estar sempre na mão do vendedor, e isso significa que devemos evitar dar trabalho ao cliente fazendo com que tenha de nos retornar ou nos procurar demais. Ser acessível é muito importante, mas existem empresas que não facilitam a entrada de mensagens diretas de um cliente, por exemplo. O mais grave é quando o vendedor é quem manda a mensagem ou visita e esquece de definir os próximos passos.

2. **Procure sempre uma forma de surpreender desde o início da venda:** Se o cliente receber de você algo logo no primeiro contato, tal como a técnica FADA ensina, e, além disso, você puder levar algo seu com ele, isso o tornará mais favorável à compra. No entanto, evite presentear clientes sem motivo, busque ideias criativas. Um vendedor de sapatos, certa vez, mandou um par de sapatos para um possível cliente, mas retirou um pé do par e em seu lugar colocou um bilhete: "Já pus um pé em sua empresa, se quiser o outro, por favor me receba na semana que vem".

3. **Crie vínculos:** Parece estranho, mas podemos ter vínculos com nossos clientes se ousarmos ter o princípio de relações humanas de Dale Carnegie: "Torne-se verdadeiramente interessado na outra pessoa". Se você fizer com que seu cliente sinta seu verdadeiro interesse, esteja certo de que alguns vínculos podem

ocorrer: confiança, tranquilidade, sensação de amizade, conforto, empatia pura. Sempre que nos tornamos interessados no cliente, ele sentirá mais interesse por nós e por nosso negócio.

4. **Pare, Olhe e Escute (POE):** Esta chamada, que também está na linha do trem, serve perfeitamente como alerta para o profissional que quiser praticar a boa comunicação com o cliente. Jamais inicie uma conversa com um cliente com seu celular ligado, em estado sonoro. Ou você o coloca em estado silencioso ou o desliga. Atender seu celular enquanto estiver com um cliente denota que ele não tem tanta importância. Evite interromper e ser interrompido por outra pessoa. Seja o mais focado e eficaz possível em sua comunicação.

5. **Fale em termos do que interessa ao cliente:** Comunicar-se bem para criar afinidade é saber dizer coisas que chamam a atenção do cliente e o coloquem em uma posição confortável. Quando um vendedor fala demais, quebra a sintonia com o cliente. Ouvir mais do que falar é a lei principal na comunicação. No entanto, é preciso saber falar de uma maneira que interesse à outra pessoa, como diz Dale Carnegie. Para isso, procure ser objetivo, dizendo sempre os ganhos que o cliente terá antes de falar dos detalhes técnicos de seu produto ou serviço.

6. **Surpreenda o cliente:** É meio caminho andado quando o vendedor consegue surpreender o cliente positivamente. Se ele fizer algo que o cliente não espera, mas que o agrada, estará conquistando a oportunidade de vender realmente. Um bom começo é refletir como você ou sua empresa podem fazer isso. Um exemplo: um taxista no Rio de Janeiro, quando o cliente entra em seu táxi, recebe uma salva de palmas, gravada em um CD, e o taxista diz ao cliente quanto ele é importante. Depen-

dendo do caso, em vez de salva de palmas, ele oferece jornais, revistas e bebidas, como um avião, ou até melhor, já que nos dias de hoje voar não é tão confortável assim.

7. **FAÇA UM SHOW DE ENTUSIASMO:** Comece cada contato com o cliente de maneira entusiástica. Mesmo que seja um cliente conservador, coloque energia aliada a objetividade e profissionalismo. Jamais inicie um contato por mensagens diretas ou um atendimento de venda sem se olhar no espelho e responder a esta pergunta: Eu compraria dessa pessoa? Acredite! Suas vendas aumentarão quando seus clientes tiverem maior afinidade com você. Ninguém gosta de vendedor sisudo, com cara amarrada e que não transmite felicidade naquilo que faz.

Fundamento 3 – INTERESSE

O CÓDIGO GENÉTICO DA VENDA

> *"Descubra o que as pessoas desejam e ajude-as a conseguir isso."*
>
> FRANK BETTGER

A) Gerando interesse de compra

O fundamento do interesse forma o código genético da venda, pois nos mostra a real motivação de compra do cliente. O que nós aprendermos no passo de interesse determinará a solução (produto/serviço) que poderemos vender, como deveremos apresentá-la e, finalmente, como poderemos obter um comprometimento de compra de nosso cliente em potencial.

Nosso objetivo, no passo de interesse, é o de obter todas as informações necessárias do nosso cliente. Fazemos perguntas eficazes e escutamos empaticamente para descobrir o interesse primário, critérios de compra, requisitos acessórios e, o mais importante, o desejo nunca aparente (o lado emocional e/ou pessoal que o cliente pode alcançar se pudermos resolver seu problema).

O processo de vendas nos ensina que devemos primeiro obter informações antes de falar ou expor sobre nossos produtos ou serviços. O erro mais comum em vendas é o de apresentar o produto ou serviço ao cliente antes de descobrir e explorar totalmente os seus desejos, suas necessidades e motivações.

O passo *interesse* foi projetado para dar a você um entendimento completo daquilo que você precisa saber sobre seu cliente e, o mais importante, como obtê-lo.

B) Objetivos do interesse

Depois de completar a leitura deste módulo, você estará apto a:

- entender o papel fundamental que as perguntas eficazes desempenham na venda de qualquer produto ou serviço;
- conduzir seu cliente por meio de uma sequência natural de perguntas apropriadas para obter a informação de que você precisa;
- definir a diferença entre interesse primário, critérios de compra, requisitos acessórios e desejo nunca aparente;
- desenvolver interesse em seu produto ou serviço;
- ajudar seu cliente a obter uma ideia mais clara de suas próprias necessidades.

C) Áreas de interesse

Na etapa de interesse, o objetivo é desenvolver conhecimento sobre seu cliente. Devemos fazer isso pelo processo de questionamento, por meio do qual devemos reconhecer informações importantes. Essas informações podem ser separadas em quatro categorias:

Figura 2.11 Categorias da área de interesse

As quatro áreas de interesse podem ser explicadas assim:

Interesse primário: é simplesmente o seu produto, serviço ou ideia. Por exemplo: se você vende automóvel, o interesse primário é o automóvel.

Critérios de compra: são os pré-requisitos para a compra. No exemplo do automóvel poderiam ser preço, prazo de entrega, garantia, características etc.

Requisitos acessórios: são as possíveis vantagens que o cliente pode obter, que não incorrerão em maiores custos. No caso do automóvel, poderiam ser garantia estendida, acessórios, seguro grátis etc.

DNA: é o código genético da venda, o ponto mais importante para a compra. Trata-se do desejo nunca aparente – aquilo que o cliente deseja e não irá revelar facilmente, pois nunca está aparente. Muitas vezes, o próprio cliente não tem consciência de seus desejos não aparentes, mas eles estão lá, de forma inconsciente, e influenciam a decisão de compra.

O DNA é o lado intangível e emocional, que no caso do automóvel pode ser a realização de um sonho ou uma simples questão de segurança e conforto. O DNA existe principalmente quando nosso cliente é um consumidor final, ou seja, quando ele compra o produto ou serviço para uso próprio. Porém, esse DNA também pode existir nas empresas, como no caso do comprador que negocia fortemente a fim de conseguir um bom desconto e mostrar o resultado para seu superior. O que ele quer com isso? Talvez reconhecimento, aceitação, segurança no cargo. Um empresário compra automóveis para sua empresa por diferentes DNAS: conforto dos diretores e aumento de seu comprometimento com a empresa, segurança no transporte de produtos, *status* etc.

É desvendando todas as áreas de interesse, mas especialmente conhecendo bem o DNA de quem decide pela compra, que teremos grandes chances de fechar ótimos negócios.

D) Desvendando as quatro áreas de interesse por meio de perguntas

Uma das melhores maneiras de gerar interesse em qualquer uma das quatro áreas acima é por meio de perguntas. Existe uma série de bons argumentos para que você utilize a importante técnica de fazer perguntas para despertar o interesse e, assim, obter sucesso em vendas. Essa técnica é tão importante porque:

- nos ajuda a ter uma visão geral da situação;
- construímos relações humanas positivas com nossos clientes;
- nos ajuda a determinar o que leva nosso cliente a comprar.

Além disso, por meio das perguntas poderemos nos tornar consultores de vendas, em vez de simples tiradores de pedidos. A diferença principal entre um vendedor consultor e um tirador de pedidos é que o consultor se envolve com o cliente e identifica a oportunidade de vender algo de que realmente o cliente precisa, mesmo que ainda não saiba disso. O tirador de pedidos, por sua vez, não se envolve e, assim, só consegue vender quando o cliente já está com a compra definida. Por isso, dizemos que, nesse último caso, não foi o vendedor que vendeu, mas sim o cliente que comprou.

A figura a seguir resume o meio mais eficiente de obter as informações de que você precisa para fazer um diagnóstico completo da situação e resolver o problema dos clientes.

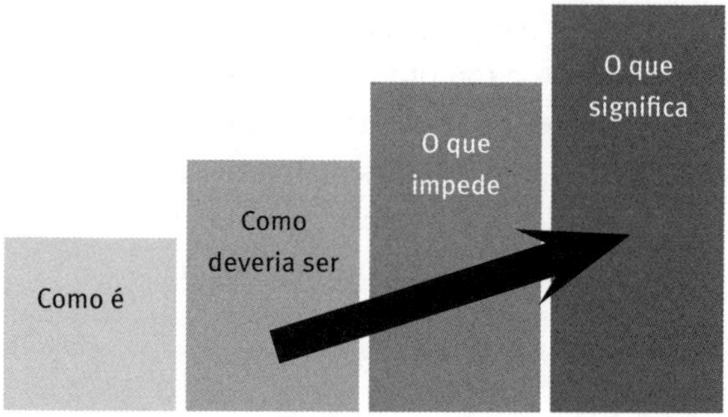

Figura 2.12 Processo de perguntas eficazes

Por meio de perguntas que possam ajudá-lo a descobrir sobre esses quatro elementos é possível chegar às informações que interessam e cobrir as quatro áreas de interesse em vendas. Veja, a seguir, o significado de cada um desses elementos:

COMO É /ERA	Determina a situação atual / anterior.
COMO DEVERIA SER	Determina a situação desejada.
O QUE IMPEDE	Revela os obstáculos que impedem o que deveria efetivamente acontecer.
O QUE SIGNIFICA (REVELA O DNA)	As recompensas que nossos clientes receberão ao alcançar o que deveria ser.

Apresento a seguir algumas sugestões de perguntas para descobrir sobre esses quatro elementos, que ajudarão a compreender melhor essa técnica.

E) Fazendo perguntas eficazes

Veja alguns exemplos de perguntas para descobrir como é a situação atual, ou como era anteriormente.

Exemplos
COMO É/ERA
Fale-me um pouco sobre suas responsabilidades.
Há quanto tempo você trabalha aqui?
O que fazia antes?
Como você escolheu seus funcionários?
O que você aprecia no serviço deles?
Qual é o seu orçamento?
Como é o processo de decisão?
Quem mais está envolvido no processo de decisão?
Quais são alguns dos desafios que você enfrenta com relação ao produto que usa?
Quando precisará tomar uma decisão?
Você tem autoridade para tomar a decisão sozinho(a)?
Em que critério você baseou sua decisão de compra do produto/serviço que usa?
Quanto tempo isso está custando a você?
O que (os usuários) estão dizendo a você sobre esse produto / serviço?
Quão envolvida está a diretoria no processo de tomada de decisão?
Exemplos
COMO DEVERIA SER
Quais são algumas de suas metas (relevantes ao produto/serviço)?
Que outras coisas seriam desejáveis?

(continua)

(continuação)

O que um produto ou serviço melhor poderia ajudá-lo a conseguir?
Que resultados específicos você deseja atingir?
Como você medirá seu sucesso?
O que você está tentando conseguir?
Qual é a sua visão a longo prazo?
Se você pudesse tê-lo a seu modo, o que você mudaria nesse produto / serviço?
Que mudanças você vê, em um ano a partir de agora?
À medida que olha à frente, como um novo produto/serviço poderia criar impacto em suas operações em seis meses?
Que mudanças estão ocorrendo em sua organização?
Quanta urgência você sente em mudar?
Como essa operação parecerá daqui a 12 meses?
Como mudarão suas responsabilidades no próximo ano?

Agora, considere as perguntas a seguir, destinadas a descobrir qual é a situação desejada.

Para perguntar o que impede que a situação desejada seja alcançada, você poderá utilizar algumas das perguntas a seguir.

Exemplos
BARREIRAS
O que o impede atualmente de obter o resultado de sua visão a longo prazo?
O que é necessário que ocorra de modo que você possa obter rapidamente o que deseja?
Você tem um plano para chegar aonde deseja?
Quais são alguns passos desse plano?
Que problemas os produtos/serviços atuais estão trazendo a você?
Se o novo produto/serviço que você está comprando fosse perfeito, que problemas seriam eliminados?
Como você planeja superar alguns dos desafios que enfrenta?
Do que os usuários finais estão reclamando?

(continua)

(continuação)

Se você tivesse total autoridade para dirigir este departamento do modo que deseja, o que faria diferente?
Como esses problemas estão afetando as pessoas que trabalham aqui?
Como os desafios atuais estão influenciando a produtividade?
O que deve mudar neste produto/serviço de modo a melhorar a efetividade da linha de produção?

Por fim, você poderá utilizar as perguntas abaixo para descobrir o retorno que o seu cliente terá se alcançar a situação desejada.

Exemplos
RETORNO
O que significaria ter sua situação ideal?
Qual é a sua visão pessoal a longo prazo?
Como o fato de chegar aonde você quer o faria se sentir?
Se você puder chegar aonde quer, o que poderia acontecer com você?
Qual é o próximo passo lógico em sua carreira?
Que impacto teria, em suas operações diárias, resolver esses problemas?
O que pode acontecer a você se essa situação se resolver?
Do que mais você gosta em sua posição futura?
Onde você se vê daqui a um ano se esses problemas se resolverem?

Fazendo essas perguntas, você poderá chegar a um ponto em que desejará confirmar seu entendimento. Para isso, você poderá utilizar perguntas fechadas e diretas (lembre-se do que você já aprendeu sobre perguntas no Fundamento 2: Sintonia). Por exemplo: "Deixa eu ver se entendi bem...".

Você também poderá exercitar a sua empatia com o cliente, especialmente se ele se envolver emocionalmente no diálogo. Caso isso aconteça, será necessário fazer uma conclusão emocional, buscando equilibrar a emoção que foi trazida à tona. Por exemplo: "Parece-me muito difícil trabalhar dessa maneira...".

A próxima pergunta que deverá ser estrategicamente colocada é: o que você está fazendo para resolver esses problemas? Algumas possibilidades de resposta poderão surgir, e você poderá continuar o seu processo de vendas baseado nessas possibilidades, como demonstro a seguir:

Se o cliente ainda não sabe o que fazer → Você poderá ajudá-lo a construir visão de solução

Nesse caso, continue com o processo de vendas, passando do interesse para a solução, que é o próximo fundamento que discutiremos.

Se o cliente já tem visão formada quanto à solução da situação → Ofereça a ele uma reengenharia de visão

Faça uma pergunta direcionada: "Por que você acredita que essa é a melhor solução? Você não quer exatamente isso, não é?". Dessa forma, você irá criar uma dúvida no cliente, que permitirá a você apresentar sua solução também.

Importante → Você deve continuar a fazer perguntas até que entenda claramente o desejo nunca aparente do cliente.

F) DNA – Desejo nunca aparente baseado na pirâmide de Maslow – Teoria das necessidades

Como eu disse anteriormente, o desejo nunca aparente é composto por elementos intangíveis e até emocionais que determinam a decisão de compra dos clientes. Como esses desejos (ou necessidades) jamais estão aparentes, precisamos buscar formas alternativas de descobri-los, como a técnica das perguntas. Outro modelo que poderá ajudar a compreender o DNA de seu cliente é conhecer a pirâmide das necessidades de Maslow.

Nesse modelo, Maslow descreve as necessidades humanas, separando-as em cinco níveis diferentes: sobrevivência, segurança/aquisição, sociais/família, reconhecimento/*status* e autorrealização. Para Maslow, essas necessidades funcionam como numa escada, ou seja, o indivíduo só se preocupará com as necessidades dos níveis superiores da pirâmide se as da base já estiverem satisfeitas. Por exemplo: o reconhecimento só se torna uma necessidade latente para o indivíduo que já possui as necessidades de sobrevivência, de segurança e sociais atendidas.

As necessidades humanas, porém, estão sempre se reciclando e nunca são totalmente atendidas. Um exemplo é comer, que atende às nossas necessidades de sobrevivência, porém precisamos repetir essa atividade todos os dias; o mesmo acontece com as outras necessidades.

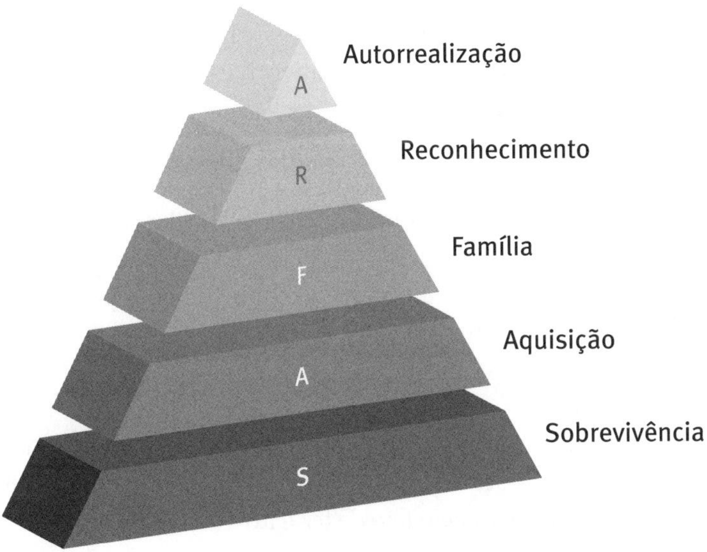

Figura 2.13 Pirâmide das necessidades de Maslow

E como poderemos utilizar essa teoria para detectar o DNA – desejo nada aparente – de nossos clientes? Veja alguns exemplos a seguir:

Sobrevivência/autopreservação
Em nível pessoal, envolve aquilo de que você precisa para permanecer vivo. Em um nível corporativo, relaciona-se mais com como manter seu emprego.

Segurança/aquisição
Algumas pessoas compram pelo prazer de possuir coisas. Elas medem seu valor em termos de quanto possuem. Isso lhes traz uma sensação de segurança. Onde corporações estão envolvidas, aquisições podem somar-se aos recursos totais que já possuem.

Família
Alguns compram tendo em mente sua família, cônjuge, filhos, pais etc. Mesmo no nível corporativo, há aqueles que compram para "sua família" de negócios – chefes ou colegas de trabalho.

Reconhecimento
Pode ser mais bem resumido pelo que William James disse: "O mais profundo princípio da natureza humana é a ânsia de reconhecimento". Em empresas, reconhecimento pode ser um motivador muito importante.

Autorrealização
Essas pessoas compram para preencher alguma necessidade interior, que pode ser a de se divertir, de demonstrar autorrespeito ou de se sentir bem pelo fato de ter feito a escolha certa. Pode-se ter autorrealização no trabalho ou na vida pessoal.

Procure descobrir em que nível da escala de necessidades e desejos encontra-se o DNA de seu cliente; dessa forma, você saberá exatamente como se comunicar com ele e poderá oferecer-lhe a melhor solução possível.

É comum que, mesmo compreendendo a importância das perguntas, porque perguntar é a maior habilidade do vendedor, ainda corramos o risco de não entender as respostas.

Um exemplo simples é quando perguntamos o nome de uma pessoa e, depois de alguns minutos, já o esquecemos. Isso acontece porque não prestamos a devida atenção. Ao perguntar, é preciso ter muita atenção às respostas; se preciso, anotá-las; e depois confirmar o entendimento. O controle da ansiedade também é fundamental, pois nosso cérebro tem a mania de completar as informações, nos fazendo supor algo. Como já dissemos, quem supõe geralmente erra, portanto é preciso confirmar o entendimento. Para isso, observe a seguir a natureza da comunicação.

COMO VENDER SONHOS E DESEJOS?

Ninguém que trabalhe em vendas pode dizer que vende apenas um produto ou um serviço.

O SUCESSO EM VENDAS é a capacidade de enxergar o intangível, o motivo dominante da compra.

Clientes não compram carros, apartamentos, roupas, crédito bancário, seguros, treinamentos, computadores ou o que for.

Eles compram o que vem por trás desses produtos e serviços.

Basta notar o que significa para uma criança comprar um McLanche Feliz – garanto que ela não quer o lanche simplesmente. Na verdade, aquele brinquedo representa muito mais do que qualquer sanduíche. A criança quer diversão, e não alimentação.

Se observarmos exemplos do nosso dia a dia, duas pessoas podem comprar um carro por motivos completamente diferentes; para

(continua)

(continuação)

uma delas pode ser uma questão de sobrevivência, ou seja, ela necessita do carro para trabalhar, e para outra pode ser uma questão de reconhecimento, status.

Não podemos tratar nossos clientes com as mesmas perguntas ou a mesma pressuposição de sua necessidade.

Entender o DNA da venda – Desejo Nunca Aparente – é desvendar o ponto mais fundamental para vender mais e mais.

O que seu cliente realmente pode ganhar com você? Cada um deve ser atendido de maneira exclusiva.

Pense nisso e conquiste seu SUCESSO EM VENDAS.

G) A natureza da comunicação

Em toda interação há dois papéis – emissor e receptor. Esses papéis mudam continuamente entre as pessoas envolvidas na interação e podem ser visualmente apresentados como abaixo:

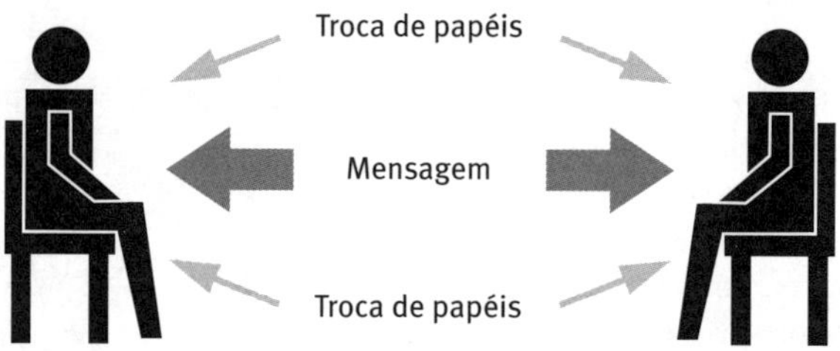

Figura 2.14 A dinâmica da comunicação

O emissor está tentando transmitir uma mensagem, informando, fazendo perguntas, respondendo e/ou provendo *feedback*. A mensagem pode ser clara ou não, dependendo de como o emissor a está comunicando.

O receptor está usando a escuta para receber a mensagem e/ou o *feedback*. Ele está também processando a informação que foi recebida.

Portanto, quando o cliente (emissor) está respondendo às perguntas, ao final o vendedor (receptor) deve confirmar aquilo que entendeu. Durante as respostas, anotar é uma boa maneira para evitar mal-entendidos. Para confirmar, devemos resumir o que o cliente disse, iniciando, por exemplo, com: "Caro cliente, deixe-me ver se entendi bem...".

Comunicar-se bem não é falar a maior parte do tempo. Escutar é essencial para uma comunicação eficaz:

Escuta eficaz

- Mantenha o foco. Mantenha distrações externas em um nível mínimo, trabalhe prestando atenção no que o cliente está dizendo.

- Esteja atento às palavras e emoções. Frequentemente, as palavras que o cliente usa são unicamente parte da mensagem. Procure captar a mensagem total, prestando atenção às emoções por trás das palavras.

- Não interrompa. Interrupções perturbam o processo de comunicação.

- Resista ao prejulgamento. Procure não julgar o que o cliente está dizendo baseado em quem ele é ou em suas opiniões sobre o assunto.

- Resuma a mensagem. Após ouvir tudo que o cliente tem a dizer, faça um breve resumo para ter a certeza de que ouviu corretamente (e também para demonstrar interesse).

VAI QUE É A SUA VEZ.
NÃO, AGORA É A SUA VEZ!

Em uma loja onde havia dez vendedores, um cliente vestido de forma simples entra e ninguém vai atendê-lo. Entre os vendedores surge um burburinho, e o cliente segue vendo os produtos e aguardando o atendimento. Após alguns minutos, alguém se habilita e vai até o cliente. Cerca de 15 minutos depois, o vendedor volta para o balcão com uma cara de satisfação e todos os outros vendedores ali perguntam a ele o motivo. Ele diz: "Ele é um clientão, vai comprar dez unidades de nosso produto mais caro". Os demais se voltam para um dos colegas e o avisam: "Você viu que aquele cliente que entrou há pouco vai comprar bastante? Perdeu a chance, hein!". Bem, meus amigos, essa historinha é real, pois muitos vendedores de lojas e até mesmo de outros negócios prejulgam os clientes por sua aparência, seu modo de falar, sua maneira de se comportar. Isso é um absurdo, mas o cliente ganha apelidos como "caroço", "carne de pescoço", "mala". Conheço muitos vendedores que perderam grandes vendas por isso. É preciso parar com a prática do prejulgamento e começar a valorizar o nosso bem mais valioso, mesmo quando ele não compra, ou seja, o nosso cliente. Pois é ele quem põe o pão e o leite na mesa e garante nossa feliz comissão, nosso emprego e nossa satisfação. Evitar o prejulgamento é um dos maiores desafios em vendas.

H) Os caminhos para desenvolver interesse

Para ter sucesso ao procurar desenvolver interesse junto ao seu cliente, sugiro que você fique atento aos seguintes tópicos:

- **Descubra o DNA de seu cliente**
  Quase sempre o cliente esconde o motivo maior da compra, que se relaciona com o lado emocional. É preciso desvendar esse segredo, ler nas entrelinhas e confirmar o seu DNA – desejo nunca aparente.

- **Saiba perguntar**
  Não tenha receio de perguntar o que quer saber: isso o tornará um conhecedor profundo das características do cliente e de sua empresa, ajudando-o a definir a melhor estratégia de vendas.
- **Compreenda as reais necessidades do seu cliente**
  Existem diferentes tipos de necessidades, desde as mais básicas, como comer e dormir, até as mais sofisticadas, como a busca pelo *status*. Qual delas realmente motiva seu cliente a comprar o seu produto ou serviço?
- **Saiba escutar de verdade**
  Esse é o verdadeiro segredo para uma comunicação eficaz. Você deve fazer perguntas, mas acima de tudo é preciso estar aberto e atento para ouvir as respostas.

QUIZ

1. Como despertar o interesse de um cliente por meio de perguntas abertas?
2. Cite um exemplo de como personalizar sua abordagem para captar a atenção do cliente.

SUGESTÃO DE APLICAÇÃO

Pratique a identificação de necessidades ao usar perguntas estratégicas com um cliente real ou fictício.

PLANO DE AÇÃO

Em uma folha, descreva de que maneira você aplicará o que aprendeu.

- Com quem (cliente).
- Como.
- Quando.
- Onde.

7 Dicas VENDEDORAS para gerar interesse de compra

Para aumentar demais o interesse do cliente por sua proposta ou oferta você pode:

1. **Reiventar sua maneira de vender:** Procure começar cada entrevista ou sondagem com o cliente como se ele fosse seu primeiro, para tratá-lo como único, e também como se fosse seu último, para tratá-lo de forma especial.

2. **Transmita segurança:** Tenha sempre argumentos verdadeiros e saiba como perguntar, praticando a sequência eficaz de perguntas como vimos anteriormente. Tenha sempre à mão um caderno de anotações; isso demonstra que está interessado. Se sua venda ocorre em um balcão, não é preciso sempre anotar, mas procure entender antes de atender.

3. **Crie intimidade com cada cliente:** Uma venda se define por um componente emocional ou intangível, como vimos. Ele é o DNA do cliente. O profissional de vendas deve ser consultivo sempre. Para isso, busque a intimidade, o envolvimento e faça com que o cliente se sinta altamente seguro com sua forma de interagir, dando atenção às respostas e valorizando as barreiras e possíveis objeções.

4. **Evite o prejulgamento:** É um grande desafio para muita gente que trabalha em vendas evitar a ansiedade que faz o prejulgamento aparecer na entrevista com o cliente. Ao fazer as perguntas, deixe o cliente falar (responder). Confirme as respostas com perguntas novamente. Só depois conclua o que realmente interessa ao cliente.

5. **Crie uma atmosfera de venda pela dor e cura:** Quando o cliente narra sua necessidade e você a confirma totalmente, é oportuno colocar-se em seu lugar, ou seja, valorizar a posição

do cliente e lhe dizer o quanto acredita ser importante que ele resolva aquilo que precisa. Exemplo: "Realmente, cliente, deve ser difícil conviver com esse problema...". Assim, você estabelece a "dor" emocional e em seguida se coloca como altamente capacitado para suprir a necessidade do cliente, ou seja, para trazer a "cura".

6. **Faça com que seus clientes queiram muito ouvir suas propostas:** Antes de propor algo, você precisa estimular ainda mais a atenção do cliente. Faça então perguntas como: Você quer muito resolver esse assunto? Estamos prontos para lhe apresentar algo ótimo, quer ver agora? Quer que eu comece a demonstrar aquilo que lhe trará toda a tranquilidade que procura? Essas perguntas visam o "sim, sim, sim".

7. **Acredite que você já vendeu, falta estabelecer o quê:** Nesse momento do processo de vendas, o vendedor deve ter convicção de que está caminhando para apresentar o melhor produto ou serviço e de que esse produto será útil e desejável ao cliente. Portanto, acreditar é a palavra de ordem para conseguir convencer e evoluir bem no processo de negociação, o que veremos a seguir.

Fundamento 4 – SOLUÇÃO

CONSTRUA SOLUÇÕES CERTAS

A) Transforme sua oferta em uma solução para o cliente

"Naturalmente, você pode conseguir o que deseja, mas parte do que deseja deve ser para ajudar os outros ao longo do caminho. A vida boa não é uma existência passiva onde você vive e os outros que se danem. É uma vida de envolvimentos, em que você vive e ajuda os outros a viver."

HERB COHEN

Neste fundamento do processo de vendas, já passamos por várias etapas que nos fizeram compreender o cliente e suas necessidades sob vários aspectos, pesquisar sobre ele e inclusive conhecer o seu DNA – desejo nunca aparente. Portanto, nesta etapa já temos informações suficientes para oferecer ao cliente a melhor solução, aquela que lhe proporcionará maior satisfação no final do processo.

Para nos diferenciar em um mercado repleto e competitivo, precisamos ser únicos, com aproximações marcantes e contundentes para resolver os problemas dos clientes. Também necessitamos apresentá-las, estabelecendo credibilidade e fazendo com que o cliente queira comprar.

Uma das mais eficazes maneiras de combater a objeção ao preço é criar valor para o produto/serviço na fase de solução da venda. O que nós apresentamos (e como nós o apresentamos) passa a ser crítico ao processo de compra/venda.

B) Objetivos da solução

Ao terminar a leitura deste capítulo, você estará apto a:

- oferecer ao cliente a solução mais adequada às suas necessidades;
- apresentar a melhor solução de forma a gerar credibilidade;
- ser marcante para sensibilizar o cliente de sua proposta;
- criar valor para os produtos/serviços, de acordo com características específicas de cada cliente.

C) Estrutura do passo solução

Uma proposta de venda, falada ou escrita, deve ter um conjunto de informações que dão uma visão completa ao cliente daquilo que ele irá comprar. Cada cliente deve ser tratado de forma personalizada; afinal, uma venda não é igual a outra. Por mais que pareça, acredite: não é! Cada cliente tem seu DNA, o lado emocional que explicamos por meio da pirâmide de Maslow. Cabe ao vendedor apresentar sua proposta de modo que o cliente se identifique com ela, não que tenha de se adequar a ela. Um tratamento exclusivo, com identidade única para cada cliente, aumenta muito as chances de fechamento, e para isso existe uma estrutura do passo solução que deve ser respeitada, acompanhando a sequência correta.

O passo solução é composto por fatos, benefícios, evidências, aplicação e perguntas avaliadoras, como representado na figura a seguir:

Figura 2.15 Estrutura do passo solução

Para apresentar a solução para seu cliente, o que você precisa é apresentar fatos, benefícios e aplicações dos seus produtos. Para sustentar a solução apresentada, avalie a utilização de técnicas como dramatização e apresentação de evidências, por meio da sua caixa de ferramentas e do CADACASE, que explicarei a seguir. O resultado disso será a apresentação de soluções únicas para o cliente, que você poderá confirmar por meio das perguntas avaliadoras.

Veja abaixo o que significa cada um desses itens:

Fato

- pode ser provado;
- específico;
- verdadeiro.

Benefício

- específico para as necessidades do cliente;
- orientado para preencher as necessidades do cliente;
- de valor para o cliente;
- uma razão para a compra.

Evidência

- esclarece dúvidas;
- declaração de fatos comprovados;
- faz esclarecimentos.

Aplicação

- diretamente ligada à reunião de informações;
- envolve o cliente;
- a experiência do cliente com referência ao benefício.

Perguntas avaliadoras

- pergunta "não ameaçadora" que testa a reação do cliente;
- esclarece a posição do cliente.

Nesta ordem – fato – benefício – evidência (CADACASE) – aplicação – pergunta –, você deve apresentar seu produto/serviço:

1. Comece enumerando os fatos positivos que se referem ao cliente em questão; por exemplo, empresas que já são clientes, com necessidades parecidas com as desse cliente prospectivo.

2. Descreva os benefícios concretos que estão ligados aos fatos positivos que você apresentou sobre sua empresa ou sobre seus produtos ou serviços. Lembre-se de que o benefício que interessa ao cliente está diretamente ligado ao DNA dele.

3. Apresente as evidências que sustentam sua proposta; um depoimento de uma empresa, por exemplo, pode fazer parte de sua proposta.

4. Diga como será a aplicação da sua proposta: dados técnicos, cronograma, prazo de entrega, garantia, suporte, nível de serviço, pós-venda, inclusive o preço.

5. Faça uma pergunta avaliadora para medir o interesse do cliente na sua proposta. Essa pergunta deve ser do tipo aberto; por exemplo: O que lhe parece?

D) Fatos e evidências do produto / serviço

Nesta etapa, você deverá apresentar seu produto ou serviço para o seu cliente. Na apresentação, você descreverá o seu produto usando uma série de fatos e afirmações. Cuidado! Prefira fazer isso por meio de fatos, evitando as afirmações.

O que difere um fato de uma afirmação?

A diferença principal está nas evidências presentes nos fatos e ausentes ou questionáveis em afirmações. Para vender com credibilidade, é preciso ter fatos que comprovem que seu produto e serviço, ou mesmo você, é aquilo que diz positivamente. Para isso, podemos utilizar uma fórmula:

Fórmula de evidências

Essa fórmula pode ser relembrada por meio do acrônimo CADACASE. Veja abaixo o significado de CADACASE:

Quadro 2.3 CADACASE

COMPROVAÇÃO Comprovar por meio de artefato ou objeto, como um relatório ou certificado da qualidade de sua empresa.
ACONTECIMENTO Declarações verdadeiras que sustentam o que você está falando.
DEPOIMENTO Reconhecimento das capacidades do seu produto/serviço, de forma falada ou escrita, de alguém que utilizou seu produto/serviço.
APRESENTAÇÃO Ilustrando um ponto por meio do uso de uma demonstração física, com o apoio provavelmente do próprio produto.
CASO DE SUCESSO Uma situação em que seu produto ou serviço tenha sido usado com sucesso.

(continua)

(continuação)

ARTEFATO Algo físico que apoie sua solução, algo que o cliente possa ver e tocar.
SEMELHANÇA Quando usamos uma comparação (do seu produto ou serviço) com algo familiar ao cliente.
ESTATÍSTICAS Números relevantes que apoiem as suas afirmações.

C omprovação
A contecimento
D epoimento
A presentação
C aso de sucesso
A rtefato
S emelhança
E statística

Para compreender melhor o CADACASE, considere o seguinte:

Há pouco tempo, no Brasil, quase ninguém usava cinto de segurança. Quando o uso se tornou obrigatório em todo o país em virtude de uma lei, uma campanha foi responsável por nos convencer do uso. Muita gente se lembra do que estou falando. Se pegarmos esse exemplo por base, vejamos qual foi o CADACASE, ou fórmula de evidências, utilizado:

COMPROVAÇÃO: relatórios internacionais de redução de mortes em acidentes quando do uso de cinto de segurança.

ACONTECIMENTO: uma história contada num telejornal, por exemplo, sobre alguém que sofreu um acidente e ficou gravemente ferido por não utilizar cinto de segurança.

DEPOIMENTO: uma história contada pela pessoa acidentada, que afirma que nunca mais andará num automóvel sem fazer uso do cinto de segurança.

APRESENTAÇÃO: demonstração, por meio de bonecos colocados num automóvel que colide contra uma parede, apresentando o que acontece com o boneco que usa o cinto e com o boneco que não usa o cinto de segurança.

CASO DE SUCESSO: uma história em que o final foi feliz, envolvendo pessoas que passaram por um acidente de automóvel mas, como estavam com cinto de segurança, nada sofreram.

ARTEFATO: o próprio objeto, o cinto, passado de mão em mão e num teste de resistência, para que se possa conferir a sua segurança.

SEMELHANÇA: uma analogia entre o cinto de segurança e algo completamente diferente, mas com que se possa associar. Por exemplo, podemos dizer que o canguru é um animal veloz que salta muito alto. A mãe canguru se utiliza de uma bolsa no abdômen para manter os filhotes em segurança. Podemos comparar essa bolsa com o cinto.

ESTATÍSTICA: números, produzidos por um órgão respeitado no assunto, que possam comprovar que o cinto de segurança reduz muito os perigos de acidentes graves e mortes para as pessoas no interior de um automóvel que enfrente um acidente. A estatística não pode ser produzida pelo vendedor ou pela empresa que vende cintos de segurança.

Traduzindo esse exemplo para o seu negócio, como você faz para dar evidências sobre a qualidade e o bom funcionamento de seus produtos e serviços? E, sobretudo, como eles irão atingir o DNA – desejo nunca aparente – do cliente?

Caixa de ferramentas

A caixa de ferramentas é o nome que damos ao material de que o vendedor se utiliza para demonstrar seus produtos/serviços e comprovar que eles são as melhores opções para aquilo que o cliente precisa.

Uma caixa de ferramentas varia de empresa para empresa, mas todos os profissionais de vendas devem ter nela o seu CADACASE, conjunto de evidências para vender.

Faça uma revisão de sua caixa de ferramentas e procure descobrir o que pode estar faltando nela para que sua venda seja cada vez melhor. Colete amostras, depoimentos de outros clientes, matérias de jornais e revistas, enfim, use sua criatividade para oferecer evidências ao seu cliente.

5 PASSOS PARA VENDER COM CREDIBILIDADE

Para apresentar a "solução" que seu cliente busca, o que você precisa é oferecer fatos, benefícios e aplicações de seus produtos ou serviços. Para sustentar a solução apresentada é preciso ter evidências, e para o cliente comprar é necessário que sua proposta seja encarada como uma solução única, confiável e que tenha sido feita especialmente para ele. Apresento a seguir uma sequência para se vender com credibilidade.

1. Comece enumerando que fatos positivos se referem ao cliente em questão. Por exemplo, empresas que já são clientes, com necessidades parecidas às desse cliente prospectivo.

2. Descreva que benefícios concretos estão ligados aos fatos positivos que você apresentou sobre sua empresa ou sobre seus produtos ou serviços. Lembre-se de que o benefício que interessa ao cliente está diretamente ligado ao retorno que ele terá ao comprar, o lado emocional e intangível da compra (DNA da venda).

(continua)

(continuação)

3. Apresente as evidências que sustentam sua proposta; um depoimento de uma empresa, uma estatística vinda do mercado, um caso de sucesso são exemplos, podem fazer parte de sua proposta.

4. Diga como será a aplicação da sua proposta: dados técnicos, cronograma, prazo de entrega, garantia, suporte, nível de serviço, pós-venda, inclusive o preço.

5. Faça uma pergunta avaliadora para medir o interesse do cliente em sua proposta. Essa pergunta deve ser do tipo aberto, por exemplo: O que lhe parece essa grande oportunidade?

Um detalhe de extrema importância é fazer uma apresentação marcante, com entusiasmo e criatividade, visando ser memorável e marcante.

E) Dramatização – Importante e eficaz

Para tornar sua oferta marcante e não ser apenas mais uma proposta dentre tantas que seu cliente possa ter em mãos, é importante dramatizar sua mensagem com técnica e criatividade. É preciso ter flexibilidade para fazer essa dramatização, considerando que o vendedor precisa representar um papel como um ator e, quando o faz, conquista excelentes resultados nesta etapa do processo de vendas.

Essa dramatização não significa, de maneira nenhuma, enganar o cliente, convencê-lo de algo que não é verdadeiro ou coisa do gênero. O termo "dramatização" aqui está mais voltado ao uso correto dos argumentos e das posturas que criarão *rapport* com o cliente (como explicado no Fundamento 2) e tornarão o processo de vendas mais fácil para ambas as partes.

A dramatização é o modo pelo qual apresentamos nossas ideias de forma a criar uma impressão positiva duradoura em nossos clientes. É uma ferramenta que usamos para tornar elementos do processo de vendas/passo da solução memorável.

Regras da dramatização

Uma boa dramatização precisa seguir as características abaixo:

- ser relevante para a venda;
- ser de bom gosto;
- o profissional de vendas deve sentir-se confortável com ela;
- o cliente deve reagir positivamente;
- ser memorável.

Um dia, vi um vendedor de imóveis que estava oferecendo um apartamento de altíssimo padrão dramatizar de uma maneira simples e, com isso, definir a venda a seu favor.

O cliente estava em busca de um imóvel que lhe oferecesse tranquilidade: esse era o DNA, o lado emocional. Ele havia visitado muitas opções mas ainda estava confuso, pois os imóveis que vira eram lindos, com muito conforto, divinos.

O vendedor, depois de detectar que conforto e beleza eram importantes mas o que mais importava era a tranquilidade do cliente, o convidou para voltar ao apartamento que estava lhe oferecendo e, quando lá chegou, ficou mudo. O cliente estranhou. Falava com o vendedor, que não respondia. O vendedor, por meio de gestos, pediu que o cliente sentasse num sofá que o próprio vendedor mandara colocar lá, provisoriamente. O cliente sentou, e eles ficaram em silêncio durante dois minutos. O vendedor quebrou o silêncio dizendo: “O senhor me pediu tranquilidade. Percebeu como aqui você a terá?”.

Você percebeu qual foi a tática do vendedor? Ele procurou descobrir a real necessidade do cliente e, assim, focou seus argumentos nessas necessidades. O foco nas necessidades do cliente é fundamental para o sucesso em vendas; por isso, dedicaremos o próximo item a esse aspecto.

F) Foco nas necessidades do cliente

Claro que você já encontrou um vendedor que quisesse fechar o negócio antes do tempo. Quando estamos comprando, queremos suprir uma necessidade ou realizar um desejo, mas nem sempre o profissional de vendas está apto a entender isso e vai logo negociando para fechar.

Por exemplo, imagine que você está querendo comprar um carro novo e se interessou por um lançamento. Quando vai à loja conhecer o carro de perto, vê que a marca tem todo o conforto que você quer, mas o modelo "lançamento", pelo qual você se interessou, não tem todo o espaço disponível de que você precisa para acomodar sua família. O preço, por sua vez, é ainda menor do que a sua expectativa. O vendedor tentou negociar com você antes do tempo e foi logo oferecendo desconto, seguro grátis e outros benefícios, mas nem sequer deu atenção a seu principal motivo de compra: o conforto de sua família.

Você compraria um carro pelo preço nessa situação? Se o conforto é dominante para sua decisão, o fato de o vendedor desconsiderá-lo faz com que você encare que ele não está interessado em você e quer apenas vender. O lado emocional e intangível é o ponto mais importante na hora de comprar. Se tentamos negociar com nossos clientes sem enaltecer a importância de seus desejos, perderemos vendas, por mais que tenhamos oferecido descontos ou prazos. Se não nos importamos com nosso cliente, o cliente também não se importará conosco.

O que fazer para evitar tal falha? Devemos sempre saber separar objeções de negociações, pois quando o cliente coloca uma objeção quer dizer que tem dúvidas ou restrições para comprar e negociar. Antes de resolver isso, de nada adianta. Dificilmente seu cliente sairá completamente satisfeito se comprar algo que não supra sua necessidade principal, e cabe ao vendedor fazer as perguntas certas, entender e valorizar objeções e, principalmente, respondê-las.

No caso do carro que não oferecia conforto, o vendedor deveria ter detectado a finalidade para a compra e o desejo a ser atingido. Uma vez que era conforto para a família, deveria ter primeiro encontrado um carro adequado para o cliente e, depois de ter satisfeito seu motivo principal de compra, ter dado início à negociação. O cliente pode pagar mais quando tem certeza de que vale a pena; portanto, em vendas o maior erro ao negociar é tentar driblar objeções, oferecendo pressão para fechar a venda por meio de negociações infundadas e oportunistas.

Para ser um bom negociador, lembre-se de:

- ter certeza de que sua solução é a melhor para o seu cliente;
- enfatizar seu interesse em solucionar problemas do seu cliente;
- aprender tudo que for preciso sobre a necessidade do cliente;
- ter coragem em enfrentar objeções e superá-las;
- estabelecer uma situação em que ambas as partes saiam ganhando.

G) Utilizando o valor e as técnicas de negociação

Cada venda é uma negociação. E, geralmente, as negociações focam dois temas principais: valor e preço. Clientes sempre demandarão mais valor e baixos preços. Pedirão pelo menor preço com maior valor agregado, como uma tática talvez desleal, mas natural de exercer pressão sobre o vendedor.

Grandes negociadores sabem que a razão para uma boa negociação em vendas não é passar por cima do cliente que quer o maior pedaço da torta, mas encontrar caminhos para fazer que, no final, se tenha a maior quantidade de torta possível para os dois lados.

Aqui estão quatro fatores para ajudar você a alcançar o pódio dos grandes negociadores:

1. **Sua atitude**
   Diga ao cliente que você aprecia a oportunidade de fazer negócios com ele ou com ela. Inclusive, deixe-o saber que o mais importante para você é criar uma situação ganha-ganha, ou

seja, em que os dois lados saem ganhando. Demonstre sua seriedade e sua necessidade de finalizar o que foi negociado mediante um contrato entre as partes contendo tudo o que foi dito.

2. **Seu plano de voo**
   Vendedores que têm pouca experiência em negociar, tendo de solucionar problemas ao longo do processo, tendem a pensar que o melhor a fazer é encontrar uma única solução para o cliente. Grandes negociadores criam diferentes alternativas e constantemente envolvem o futuro cliente na participação dessas soluções.

3. **Sua habilidade em ser transparente e não resistente**
   Clientes o respeitam quando você demonstra transparência com eles, mas principalmente se você evita resistências ou impedimentos aos seus desejos, como não ouvi-lo atentamente para entender seus reais desejos. Bons negociadores são flexíveis e têm transparência para dizer quando é possível ou não oferecer uma concessão. Bons clientes entendem e são transparentes e leais quando deparam com bons negociadores.

4. **Sua energia ao negociar**
   As piores negociações são aquelas em que nos sentimos em desvantagem. E, muitas vezes, vendedores canalizam energia negativa nas palavras e atitudes na negociação que podem gerar conflitos desnecessários. Procure pensar nas objeções que você recebe: elas são de ordem pessoal ou profissional? Normalmente, são de ordem profissional... Caso contrário, o problema é mais sério, e seu potencial cliente não tem a sintonia necessária para negociar com você. Quando lidamos com foco profissional, temos maior facilidade em livrar-nos de estímulos emocionais que nos impedem de manter a calma, pensar antes de falar e focar sempre no consenso. A energia ao negociar é fundamental, e sinais de agressividade e ansiedade podem colocar tudo a perder.

H) Os caminhos para oferecer a solução

Para que você seja bem-sucedido ao oferecer a solução, sugiro atenção ao trilhar o seguinte caminho:

- **Seja capaz de oferecer fatos e benefícios, em vez de afirmações**
  As afirmações não são suficientemente bem fundamentadas e não apresentam evidências importantes para a confiabilidade do cliente. Os benefícios, por sua vez, focam na verdadeira razão de compra do cliente específico (DNA) com o qual você está negociando!

- **Não imagine que todos os clientes são iguais**
  As pessoas são diferentes umas das outras, nos mais diversos sentidos. Por que os clientes deveriam ser iguais? Isso significa que você deverá utilizar uma abordagem diferente para cada estilo de cliente...

- **Invista na sua caixa de ferramentas**
  Como já discutimos, o cliente precisa de evidências que suportem os fatos que você está apresentando a ele. Essas evidências podem seguir a técnica do CADACASE, descrita neste fundamento. Para melhor utilizar essa técnica, tenha à mão os utensílios necessários!

- **Dramatize sem enganar**
  Use o seu lado ator para criar uma situação ou escolher as palavras e atitudes certas para criar a sintonia necessária com o seu cliente. Mas lembre-se: isso não significa ludibriar o cliente!

- **Foque nas necessidades do cliente**
  O cliente só comprará se isso for o que ele realmente quer. Por isso, invista em descobrir suas reais necessidades e desejos e ofereça a melhor solução para cada caso!

QUIZ

1. Por que é importante personalizar a solução apresentada ao cliente?
2. Como você pode conectar os benefícios do produto ou serviço às necessidades específicas do cliente?

SUGESTÃO DE APLICAÇÃO

Prepare e apresente uma solução personalizada para um cliente, destacando os benefícios mais relevantes.

PLANO DE AÇÃO

Em uma folha, descreva de que maneira você aplicará o que aprendeu.

- Com quem (cliente).
- Como.
- Quando.
- Onde.

7 Dicas VENDEDORAS para apresentar a melhor solução para seus clientes

Para tornar aquilo que você ofereceu ou apresentou na proposta comercial algo de alto valor para seu cliente, observe as seguintes dicas:

1. **Sua proposta deve ser única:** Nenhum concorrente de sua empresa vai ser tão aderente à necessidade do cliente como você. Mesmo que existam produtos parecidos, preços similares ou até menores e com qualidade compatível, a solução que você apresentar será única. Como? Fazendo com que ela tenha a identidade do cliente, o DNA dele. Para tanto, você deve destacar isso na apresentação dessa solução e aliar isso a extraordinários atendimento, relacionamento e simpatia.

2. **Use evidências para convencer:** Pare de falar que sua empresa é a única, a melhor ou a líder de mercado sem ter evidências. Procure se diferenciar com referências de outros clientes que lucraram com seu produto ou serviço. Ou demonstre ao cliente algo de valor para atingir aquilo que ele precisa. Não arrisque com discursos prontos e frases feitas. Seja original.

3. **Torne a proposta pessoal e intransferível:** Cada cliente deve receber atendimento exclusivo, e cada proposta comercial gerada deve ser feita sob medida. É comum ver vendedores enviando WhatsApps com propostas feitas a partir de um modelo-padrão, ou pior, usando propostas enviadas para outros clientes. Sua proposta deve ter a "cara" do cliente em questão e conter uma linguagem em que ele reconheça que se está falando dele, da sua empresa e do seu negócio.

4. **Valor de compra e retorno do investimento:** Muitos consumidores e compradores só decidirão comprar de você se entenderem totalmente o valor de compra e o retorno do investimento. Sua proposta comercial deve oferecer detalhamento de itens importantes, como economia, facilidade de uso, qualidade do produto, inovação, durabilidade etc. Lembre-se de que seu maior concorrente é a falta de percepção do cliente sobre o valor que seu produto ou serviço tem.

5. **Fale aos olhos e ao coração:** Faça o cliente imaginar o quanto a vida dele vai melhorar com o investimento em sua proposta. Use os fatos positivos e especialmente os benefícios que o envolvam totalmente na proposta. O cliente é o protagonista da venda, pois ele deve se sentir no centro das atenções e ter o direito de escolher o melhor. Portanto, mostre seu produto como o melhor caminho para ele.

6. **CALE-SE E VENDA!** Muitos vendedores insistem em apresentar sua proposta ou fazer uma oferta e em seguida dar um desconto. A insegurança na proposta é tamanha que os faz conceder tudo o que têm de margem de negociação, sem mesmo ouvir a resposta do cliente. Ao apresentar a proposta, lembre-se de perguntar como o cliente a vê e cale-se. Quem fala demais nesse momento concede mais e fica sem nada para negociar depois.

7. **SEJA UM ATOR OU ATRIZ DO SUCESSO EM VENDAS:** Represente um papel marcante, memorável e de bom gosto. Ao oferecer algo ao cliente, coloque sempre em seu discurso uma mensagem criativa ou uma dramatização. Muitos vendedores se destacam porque fazem o cliente rir, pensar seriamente ou até se emocionar. Reflita: Como posso fazer com que cada cliente se lembre de mim dentre todas as propostas que tem? Um exemplo: um vendedor criativo, sempre que apresentava suas propostas, a fazia em papel nobre e com encadernação em capa dura. O cliente sentia-se mal em jogar aquele material no lixo, de tão bonito que era. Pelo tratamento especial, ele vendia mais que todos os vendedores da empresa. Ele investia de seu próprio bolso na encadernação e fazia questão de levá-la em mãos. Era realmente um vendedor diferente e tinha resultados diferentes por isso.

Fundamento 5 – DESEJO

CONSTRUA DESEJO DE COMPRA

"O trabalho do vendedor: persuadir as pessoas a querer o que elas realmente precisam."

E. ST. ELMO LEWIS

A) Rumo ao compromisso

É comum que, em qualquer situação de vendas, surjam obstáculos que devem ser superados antes de um cliente estar pronto para comprar. Esses obstáculos são as temidas objeções, que devem ser superadas para que o vendedor consiga levar o cliente até o próximo fundamento: comprometimento.

Frequentemente, pessoas que trabalham em vendas cometem o erro de lidar com objeções de um modo em que o cliente é colocado à parte. Responder objeções eficazmente faz que a negociação seja bem-sucedida.

As pessoas entram em uma negociação muito mais preocupadas com qual é o mínimo que se pode aceitar em vez de com qual é o máximo que se pode conseguir.

Devemos entender que as objeções dos clientes nem sempre são racionais. Com frequência, são de ordem emocional. Devemos responder às necessidades emocionais de nossos clientes, superando, ao mesmo tempo, os obstáculos que os impedem de comprar, se queremos criar relacionamentos de negócios duradouros.

B) Objetivos do desejo

Ao final deste módulo, você deverá estar apto a:

- entender e lidar com as objeções dos clientes;
- responder adequadamente a essas objeções;
- compreender e saber aplicar corretamente os elementos das relações humanas;
- melhorar as suas habilidades de negociação;
- motivar comprometimento de compra.

SEU CLIENTE SÓ COMPRA COM DESCONTO?

Vender com desconto e prazo é uma maneira de se posicionar no mercado, mas a guerra de preços é predatória e faz sua empresa se tornar frágil e fadada a quebrar.

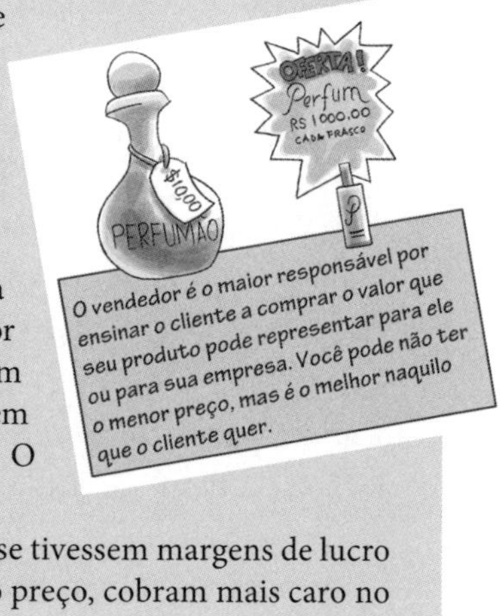

Existem duas maneiras de posicionar a venda de produtos e serviços: preço e valor.

Grandes redes varejistas dão a falsa impressão de que se posicionam só por preço baixo, no entanto trabalham com alguns produtos em promoção e atraem clientes com crediários de juros altos. O prazo é a grande oportunidade.

Contudo, essas redes quebrariam se tivessem margens de lucro reduzidas, mas, em vez de baixarem o preço, cobram mais caro no longo prazo.

(continua)

(continuação)

Posso lhe assegurar que a segunda maneira, a de percepção de valor para o cliente, é o melhor caminho para o SUCESSO EM VENDAS.

É preciso reaprender a vender, com propostas e negociações que demonstrem os reais diferenciais, benefícios e vantagens competitivas que seu produto tem.

Sabemos que produtos caros vendem, e vendem muito. Pois o cliente percebe valor nesses produtos. Bolsas caras, canetas caras, restaurantes caros, carros caros vendem muito. O caro é relativo, concorda?

O vendedor é o maior responsável por ensinar o cliente a comprar o valor que seu produto pode representar para ele ou para sua empresa.

Pare e pense: sua proposta só contém preço para negociar ou seu cliente precisa entender outros pontos?

Você pode não ter o menor preço, mas é o melhor naquilo que o cliente quer.

C) Diretrizes para negociação

Todo vendedor precisa ser, acima de tudo, um bom negociador. Em todos os passos do processo da venda, a comunicação e a negociação assumem papéis elementares, porém no momento do desejo a arte da negociação deve ser mais cuidadosamente executada.

Um negociador de sucesso é aquele que busca sempre o consenso e dá ao cliente o direito de desistir de sua proposta logo no momento da compra. Você já experimentou falar para um novo cliente que não haveria problema se ele quisesse desistir do negócio na hora de fechar?

Eu sei que milhares de vendedores jamais fariam isso, mas aprendi com o tempo que a melhor maneira de estabelecer um relacionamento duradouro, ou o famoso ganha-ganha, é ter abertura para dizer “não” a solicitações do cliente que não conseguiremos atender, ou ainda dar a ele o direito de rever sua decisão. Quando passei a ser totalmente transparente numa negociação, ganhei mais amigos (clientes) e tranquilidade no processo de vendas para entregar o prometido, pois tudo fora acordado na largada com o prospectivo cliente.

Pense nisso e tenha consigo algumas diretrizes para negociar eficazmente:

- Você não tem de ser agressivo para ser um bom negociador.
- Negociação não é uma luta.
- A maioria das pessoas tem um talento natural para negociar.
- Você não precisa comprometer sua ética para conseguir o que quer da negociação.
- Você não precisa "levar a melhor" para negociar com eficiência.
- A negociação nem sempre é um processo formal.
- Não há regras para negociar.
- Tudo o que é produto de negociação é negociável.
- Conte sempre com o pedido do cliente para um acordo melhor.
- Aprenda a dizer "não".
- Busque soluções criativas para chegar a um acordo.

D) Como você é enquanto negociador

Será que você é um bom negociador? Descubra a resposta realizando o teste a seguir.

Questão	Sim	Não
1. Faço uma minuciosa pesquisa da área em que estou negociando antes de começar um diálogo com meu cliente.		
2. Considero os dois lados do assunto antes de iniciar a negociação.		
3. Tenho um plano de recuo quando as coisas não caminham da maneira como eu pretendo.		
4. Tenho um plano específico para a negociação antes de iniciá-la.		
5. Levo em conta o tipo de personalidade da pessoa com a qual estou negociando.		

(continua)

(continuação)

6. Faço uma previsão das possíveis objeções e concordâncias que o cliente poderá fazer.		
7. Determino o estilo e as táticas necessárias em cada negociação.		
8. Mantenho minhas emoções fora do processo de negociação e nunca levo as coisas para o lado pessoal.		
9. Sinto-me confortável e confiante durante o processo de negociação.		
10. Sei onde sou mais vulnerável no processo de negociação.		
TOTAL		

Considere que cada questão para a qual você responde sim vale um ponto. Quantos pontos você obteve no teste? O vendedor de sucesso deve tirar nota 10 nesse teste, mas se você ainda não chegou lá reveja todas as questões em que assinalou não. O que você poderia fazer para mudar essa resposta?

De modo geral, podemos concluir seu perfil de negociação a partir desse teste assim:

- Acima de 7 respostas SIM: Muito bom, você deve ter facilidade em fechar negócios.
- Entre 4 e 7 respostas SIM: Precisa trabalhar mais os tópicos em que respondeu não, melhorar sua maneira de negociar e buscar avanços baseados nas técnicas e nas ideias passadas neste livro, em especial neste fundamento do processo de vendas.
- Abaixo de 4 respostas SIM: Atenção total, pois você pode estar na área errada ou a de vendas não é para você. Não desanime: existem formas de melhorar, mas é preciso determinação e prática dos conceitos deste livro.

Esse processo de autoavaliação deve ser realizado constantemente; assim, você sempre poderá pensar sobre os itens que deve melhorar, se esforçar e trabalhar para melhorá-los.

O maior desafio de um negociador é ter de superar objeções, mantendo a calma e a eficiência na comunicação e poder de persuasão.

E) As objeções em vendas

Chamamos de objeções todas as dificuldades ou empecilhos levantados pelo cliente que atrapalhem o fechamento da venda. As principais objeções que costumam surgir estão ligadas a preço, condições de pagamento, prazos de entrega e características do produto em comparação com o concorrente, entre outras.

Essas objeções certamente dificultam a atividade do vendedor, caracterizando-se como pedras no caminho ao longo do processo de vendas. Porém, todo bom vendedor deve estar preparado para responder positivamente a todo tipo de objeções, sendo capaz de virar a mesa da negociação.

Uma dica importante é tentar antever que objeções poderiam ser levantadas pelos clientes e se preparar para respondê-las. Você pode inclusive rechear a sua caixa de ferramentas (sobre a qual falamos no Fundamento 4) com evidências que ajudem a enfrentar essas objeções.

Princípio para lidar com objeções
Para lidar com objeções, crie confiança, credibilidade e valor. Sempre trate o cliente com o máximo de respeito.

Muitos dos que trabalham em vendas foram treinados no sentido de que lidar com objeções é semelhante a ir "guerrear" com o cliente. Nada poderia estar mais longe da verdade. Lembre-se de que o relacionamento vem primeiro, de modo que devemos usar boas relações humanas ao responder objeções.

A objeção mais comum é ao preço, não é mesmo? E, por mais comum que seja, é a mais temida, pois muitos vendedores que conheci sabiam responder bem quando a objeção se referia a prazo, características do produto, qualidade. Mas por que preço é tão ruim de superar? A resposta é bem direta: muitos vendedores não conseguem encarar preço como um ponto apenas da proposta, o consideram o mais importante e até acham realmente sua oferta cara.

A seguir, veremos como o preço e qualquer outra objeção podem ser trabalhados igualmente, com uma técnica que se utiliza de figuras para você memorizá-las e, assim, lembrar passo a passo o que fazer. Mas uma coisa posso antecipar: as objeções nem sempre são de ordem racional, e a objeção ao preço, na maioria das vezes, é emocional (e automática) ou significa simplesmente que o cliente quer ser mais bem convencido. Lembre-se: para convencer o cliente é preciso usar o DNA dele, o seu ponto mais fraco.

F) Sinal de compra

Lembre-se de que objeções são sinais que levam você para o fechamento de vendas. O cliente deve estar motivado por meio de sua visão de solução.

Como regra geral, o cliente que objeta é o que compra. Contudo, há uma condição: que você primeiramente saiba lidar com a objeção.

As três principais objeções de clientes são:

1. Indiferença (não necessidade) – Não sei se é isto que queremos, precisamos avaliar melhor.

2. Dinheiro (sem dinheiro) – Achamos esta proposta muito cara!

3. Procrastinação (sem pressa) – Acho que ainda não é bem o momento para comprarmos isto...

Todas as três são oportunidades ideais para fechamento.

É preciso traduzir as objeções para dominá-las. A interpretação correta da objeção do cliente é tratá-la como uma requisição de informação adicional. Portanto, você pode adotar as seguintes ações, em cada caso:

- Traduza "**não necessidade**" em: provar que há benefício em seu produto ou serviço.
  Exemplo: O(a) senhor(a) lembra dos ganhos que sua empresa terá com nosso produto/serviço. O que é mais importante que conquistar (coloque o DNA do cliente no término desta pergunta)?

- Traduza "**sem dinheiro**" em: mostrar como o produto paga a si mesmo.
  Exemplo: O preço comparado à economia que sua empresa fará em 12 meses é facilmente justificado, e estamos certos de que não existe preço que pague o reconhecimento que o(a) senhor(a) terá de seus funcionários ao término de nosso projeto.

- Traduza "**sem pressa**" em: explicar como ganha na compra.
  Exemplo: O que seria diferente daqui a algum tempo se não fizermos este trabalho agora? Sua necessidade (DNA) nos ficou clara. Por que adiar a conquista desse desejo nunca aparente?

Essa maneira de responder, traduzindo a objeção da forma correta, é apenas uma parte do processo completo para lidar com objeções. São exemplos que se aplicam na etapa responder do processo completo que está descrito no item G, a seguir.

Lidar com as objeções requer prática, coragem e até mesmo audácia. Vendedores reclamam com frequência de sua inabilidade em dar uma resposta rápida quando eles escutam uma objeção no escritório do cliente. Contudo, assim que eles o deixam, pensam em inúmeras boas respostas que fechariam o trato.

Para aumentar sua habilidade em lidar com as objeções rápida e efetivamente, aqui está um poderoso exercício prático:

Escreva aproximadamente 12 típicas objeções de clientes em cartões 3 × 5. Misture-os e coloque-os com a face para baixo numa mesa à sua frente. Inicie a memorização de sua apresentação de vendas e siga como se você estivesse realmente falando com seu cliente. Após alguns minutos, vire o primeiro cartão e interrompa sua apresentação com a objeção. Leia-a em voz alta e tente trabalhar com ela. Volte à sua apresentação. Após alguns minutos, interrompa-se novamente e repita o processo até que esgote todos os cartões. Esse esquema o ajudará a pensar por si mesmo e a aprender como manter o controle numa entrevista, não importa qual seja a interrupção.

G) Respondendo a objeções

As objeções, assim como as formas de lidar com elas, seguem uma determinada ordem de acontecimentos, conforme mostra a figura a seguir:

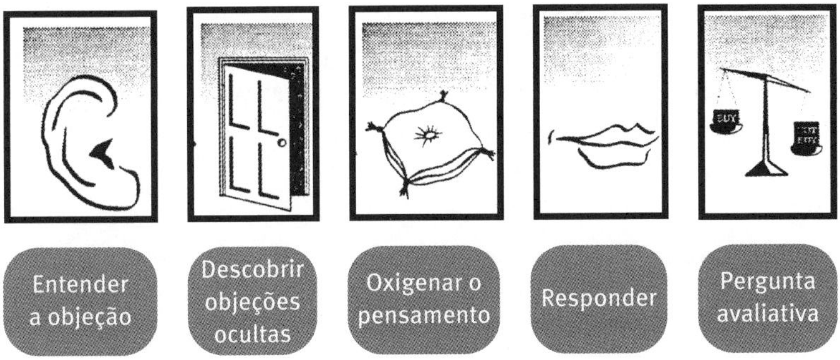

Figura 2.16 Processo para lidar com objeções

Veja o que se espera de um bom vendedor, ao avançar por estes passos:

Entender a objeção: O primeiro passo do processo para lidar com objeções é estar atento e com os ouvidos bem abertos para escutá-las e compreendê-las. Como um negociador, seja um bom ouvinte: quanto mais você ouve, mais você aprende. Procure confirmar entendimento com uma pergunta fechada, por exemplo: Então, cliente, preço é um ponto importante sobre o qual conversaremos um pouco mais?

Descobrir objeções ocultas: Antes de lidar com a primeira objeção que o cliente fez, é fundamental verificar se não existe nenhuma outra. Isso se faz também com uma pergunta:
"Além deste ponto (preço), existe mais algum ponto que o senhor(a) queira conversar?".

Oxigenar o pensamento: Esse é o momento de pensar sobre uma melhor resposta para a objeção específica do cliente. Nessa hora, o vendedor deve falar sobre o assunto, equilibrar emoção colocando-se no lugar do outro e ganhar tempo para pensar na melhor maneira de responder.
Por exemplo: "Realmente, eu no seu lugar pensaria da mesma maneira; afinal, é importante que fique claro quanto este investimento lhe trará de benefícios".

Responder: Esse é o momento de dar uma resposta precisa para o cliente, tentando desviá-lo da objeção. É importante nunca contrariá-lo diretamente, dizendo: "Isso não é verdade" ou "Você está mal informado", por exemplo. Ao iniciar sua resposta, você deve reforçar ao cliente quanto a sua proposta está realmente relacionada ao DNA dele. Mostre o valor disso, como: "Cliente, tais benefícios, como previmos nesta proposta, são estritamente necessários para que o senhor realize seu sonho (DNA). Não podemos abrir mão de nenhum item ou sequer pensar num produto inferior, uma vez que o senhor mesmo me disse que isto é uma questão de autorrealização. Quanto vale isto para o senhor?".

Pergunta avaliativa: Será que o cliente concorda com o que você respondeu? Será que foi suficiente para superar sua objeção? A pergunta avaliativa serve para encontrar essas respostas. Já falamos sobre esse tipo de pergunta anteriormente: ela visa fazer com que o cliente disserte o máximo possível, e por isso requer uma pergunta aberta, do tipo: "O que lhe parece agora a proposta?".
Se fizermos uma pergunta fechada nesse momento, podemos receber uma resposta dicotômica, do tipo *sim* ou *não*, certo? Por exemplo: "O senhor gostou?". Ele pode dizer *não*, e isto nós não queremos.

H) Preço muito alto?

Como fechar a venda com o comprador que diz: "Seu preço está muito alto!!!"?

Nesse caso, o vendedor de sucesso poderia utilizar alguma das alternativas de resposta a seguir:

1. Eu concordo, nosso preço é alto porque é um produto de alta qualidade. Isso levanta a questão: "Você é muito rico?" (espere pelo inevitável "não").
A razão pela qual estou perguntando é porque somente os ricos podem suportar comprar um produto de baixa qualidade. Eles têm o dinheiro para comprar um novo sempre que quebrar. Então, eu gostaria de ajudar você a economizar dinheiro comprando este aqui. Porque é o melhor.

2. Eu entendo como você se sente. Parece um pouco alto, já vendemos mais de 2.800 unidades por ano com esse mesmo preço. Isto não lhe diz nada?

3. Estou surpreso em ouvir que você se sente assim. Como você compara esse preço? (Aguarde pela resposta e explique que seu produto oferece mais valor.)

4. Essa é a exata razão por que você deve comprar hoje. Estamos aguardando um aumento de preços. Eu gostaria de ajudá-lo a economizar dinheiro fechando agora.

l) Treze objeções que você não pode superar durante uma venda

A maior objeção é aquela que você não reconhece porque você mesmo a criou.

Abaixo estão os 13 péssimos hábitos que podem causar a perda de uma oportunidade de fechamento de vendas:

1. Aparência pobre.
2. Apresentação prolixa.
3. Nervosismo, insegurança, hesitação.
4. Perda de planejamento passo a passo da venda.
5. Perda de clareza e foco.
6. Perda de entusiasmo e coragem.
7. Falha na identificação da necessidade do cliente.
8. Muita ansiedade para fechar.
9. Crítica competitiva às ideias do cliente.
10. Falha em estabelecer valor.
11. Cortejar clientes que têm medo de dizer "não" e falhar em segurá-los.
12. Falhar em preencher o pedido.
13. Dar respostas conflitantes e desafiadoras à opinião do cliente.

J) O segredo do silêncio na negociação

Muitas vezes esquecemos que calar é a maneira mais certa para obter o melhor resultado na negociação. Clientes são imprevisíveis ao negociar e usam recursos, até mesmo desafiadores, para obter concessões do vendedor. É comum o cliente colocar uma objeção ao preço, por exemplo, dizendo ao vendedor "Você está me gozando, este preço é um absurdo".

Nessa hora, sugiro que o vendedor se cale, fique em silêncio por alguns segundos. O silêncio é um segredo daqueles que negociam com cautela e segurança. Nesse caso, quando o cliente o desafia colocando a objeção nesses termos, é comum que o vendedor transpareça a ansiedade e ofereça logo descontos ou concessões demais. Se o vendedor se cala, deixa assim o cliente com a obrigação de falar um pouco mais e até explicar seus motivos.

Nem sempre o cliente fala coisas racionalmente, e muitas delas são para mexer com o emocional do vendedor. Calado, o vendedor tem tempo para pensar na melhor resposta também e segura a ansiedade de sair respondendo e cair na armadilha que o cliente armou. O silêncio serve aos dois lados, pois pode acontecer de o cliente ficar em silêncio no momento em que o vendedor apresentou a proposta, e esse silêncio faz que, mais uma vez, a ansiedade do vendedor prevaleça e dê mais concessões. Em vez de continuar falando, o vendedor deve fazer uma pergunta aberta, tal como "O que lhe parece a minha proposta?" e ficar em silêncio. Quando estamos falando demais, temos chances de dar 'mundos e fundos', quando o que é importante é que o cliente compre, com convicção e satisfação.

Portanto, vendedores, cuidado com a "língua solta". Procurem utilizar o silêncio em algumas situações, pois a primeira pessoa a falar normalmente faz uma concessão. Cale-se e venda!

L) Expondo visões de solução eficazes

Numa negociação, uma das maneiras mais eficazes para motivar o cliente a comprar é usar o poder da imaginação. O verbo "imaginar" tem muita força e é uma excelente ferramenta de comunicação em vendas. Exemplo: Imagine um elefante verde com bolinhas cor-de-rosa... O que você imaginou?

Uma visão de solução eficaz consiste em utilizar essa capacidade de fazer o cliente imaginar, ou antever, a solução para o seu problema por meio do seu produto ou serviço. Para conseguir criar essa visão, você precisa se lembrar de algumas questões, sobre as quais já comentamos no Fundamento 3 – Interesse.

Portanto, lembre-se de:

- repassar em sua mente o DNA – desejo nunca aparente;
- descrever como seu produto ou serviço irá atingir aquele desejo nunca aparente;
- trabalhar com o cliente de modo a pintar uma visão de solução, ilustrando como ele ou ela se sentirá uma vez que o desejo nunca aparente tenha sido satisfeito.

Nesse último item, a sua capacidade de estimular a imaginação do cliente fará toda a diferença. Veja abaixo algumas dicas para conseguir criar uma visão de solução eficaz:

- Ela deve ser clara e concisa – 45 segundos ou menos.
- Está diretamente ligada ao desejo nunca aparente do cliente.
- É verdadeira.
- Envolve o prospectivo cliente se beneficiando de seu produto ou serviço por satisfazer o desejo nunca aparente dele ou dela.
- Usa linguagem que toca os níveis sensoriais – visual, auditivo e cinestésico.
- Deve estar no presente e começar com: Imagine você...

Exemplo:

Imagine você vendendo mais e melhor em sua empresa, sendo reconhecido por sua equipe e pelos seus clientes e desfrutando de excelentes resultados financeiros. O que isso lhe parece?

A visão de solução eficaz deve sempre começar com:

"Vamos imaginar que façamos negócio, Sr. / Sra. Cliente. Observe isto / Imagine isto / Visualize isto / Pode ver isto / Será que isto parece..."

E concluir com:

"Isso é o que você deseja ver acontecer, certo?"

(Ou seja, no final o vendedor deve fazer uma pergunta avaliadora, esperando uma resposta restrita do cliente.)

4 técnicas poderosas para causar um desejo de compra em seu cliente

1. **Dê credibilidade!** Demonstre ao cliente o produto de forma que ele consiga enxergar que sua proposta é útil, desejável e satisfará sua real necessidade. Você pode fazer isso apresentando exemplos de outros clientes como referências e até depoimentos, mas se seu produto/serviço não tem esses referenciais, procure mostrar ao cliente como ele poderá ficar satisfeito quando estiver usando o produto ou serviço em questão. Exemplo: "Caro cliente, posso ver que você terá reconhecimento de seus amigos pelo investimento nesse produto".

2. **Demonstre seus diferenciais!** Se seu concorrente tem um produto muito bom, é preciso que você dê algo mais. Seu atendimento é sua grande arma para se diferenciar. Atue de modo que o cliente sinta-se verdadeiramente acolhido e confortável com você, sendo gentil e muito interessado nele. Trate-o como um dos clientes mais importantes e, se puder, agregue valor incluindo vantagens

(continua)

(continuação)

complementares. Exemplo: Na compra deste produto o senhor terá direito a mais este acessório ou serviço de nossa empresa. Além disso, terei prazer em ajudá-lo na instalação (ou na hora de experimentar) e lhe telefonarei em alguns dias para saber o quanto ficou satisfeito.

3. **Dramatize!** Torne sua apresentação marcante e inesquecível para o cliente. Em vez de simplesmente mostrar seu produto, faça algo a mais, que seja memorável e de bom gosto, para causar uma ótima impressão. Você pode usar toda a sua criatividade e entusiasmo nesse momento. Uma dramatização não leva muito tempo, deve ter no máximo um minuto. Seguem-se alguns exemplos práticos: um vendedor de informática, para demonstrar a durabilidade de um laptop, o deixa cair no chão e depois demonstra que está intacto e funcionando perfeitamente. Um corretor de imóveis fica em silêncio com o cliente durante cinco minutos dentro do apartamento que estava vendendo, depois reforça a tranquilidade do lugar, ponto importante para esse cliente. Para dramatizar, basta uma regra: criatividade com bom gosto.
4. **Crie uma Visão de Solução!** Trata-se de um quadro verbal narrado para envolver o prospectivo cliente imaginando-se realizado e feliz por ter feito negócio com você. Faça-o imaginar principalmente o resultado após a compra. Essa técnica de criar uma Visão de Solução é muito eficaz e começa com o texto: "Imagine você...". E termina com uma pergunta aberta: "O que lhe parece?". Exemplo: "Imagine você (cliente) em plena satisfação, recebendo elogios por ter feito esta compra e ainda se sentindo seguro. Com a certeza de que queremos sempre atendê-lo bem e vê-lo feliz. Imagine os ganhos que você/ou sua empresa terá. O que isso lhe parece?".

M) Caminhos para o desejo

O melhor caminho para ter sucesso no fundamento que chamo de desejo é saber negociar bem. Por isso, apresento aqui algumas dicas importantes para quem inicia qualquer processo de negociação:

1. evite estar em número menor de pessoas em relação ao cliente;
2. busque despertar atenção e criar muita sintonia com o decisor;
3. valorize a sua oferta conforme o motivo de compra do cliente, lembrando-se do lado intangível;
4. utilize evidências que comprovem o valor de seu produto, serviço ou ideia;
5. utilize-se de palavras como "imagine" para fazer a outra pessoa pensar no benefício de seu negócio;
6. sempre faça perguntas, nunca suponha ou afirme;
7. utilize todos os segredos de relações humanas, como: seja sincero, sorria, fale pouco, ouça muito e tenha flexibilidade para se colocar no lugar da outra pessoa.

Estou certo de que você terá sucesso com essas dicas, pois eu as apliquei em todas as negociações bem-sucedidas que fiz.

QUIZ

1. Quais gatilhos emocionais podem ser utilizados para criar desejo pelo seu produto ou serviço?
2. Por que as histórias de sucesso são tão eficazes?

SUGESTÃO DE APLICAÇÃO

Crie uma história de sucesso que mostre como seu produto ou serviço ajudou outros clientes.

PLANO DE AÇÃO

Em uma folha, descreva de que maneira você aplicará o que aprendeu.

- Com quem (cliente).
- Como.
- Quando.
- Onde.

7 Dicas VENDEDORAS para estimular o desejo de compra

Antes do fechamento é preciso estimular o desejo de compra e, para isso, você pode utilizar as seguintes ideias:

1. QUEBRA DE PADRÃO: Imagine que o cliente está resistente ao fechamento, mas você diz a ele algo que o incomoda e o faz pensar ainda mais: "Por que não comprar agora?". Para conseguir isso é preciso usar uma técnica chamada "quebra de padrão". Imagine você utilizar o seguinte discurso com o cliente: "Realmente, talvez ainda não seja o momento de o(a) senhor(a) ter este produto". Essa argumentação faz com que o cliente se questione: "Como assim, ainda não é o momento?". Muitos campeões de vendas quebram o padrão em tentar fazer o fechamento a qualquer custo, utilizando perguntas manipuladoras, do tipo "Se o senhor quiser, podemos cancelar a compra agora, o que acha?". Acreditem, eu sei que é difícil ter coragem de perguntar isso, mas funciona por que demonstra que você está seguro e sem a intenção de "empurrar" o produto.

2. IMAGINAÇÃO: A palavra "imagine", que é a chave da "Visão de Solução", mostrada neste capítulo, é essencial para fazer com que o cliente sinta, veja e ouça como será importante ele decidir agora por comprar com você. Cria senso de urgência. Utilize frases que iniciem com "imagine" e transforme seu produto em uma sensação de ganhos reais na mente do seu cliente.

3. NUNCA VOLTE ATRÁS NO PROCESSO DE VENDA: Existem vendedores que não sabem fechar negócio e são inseguros a ponto de perguntar ao cliente coisas que já foram respondidas, como: "O que impede o(a) senhor(a) de comprar?". Lembre-se, quando quer estimular o desejo, a pergunta deve ser:

"Quando o senhor comprar isso, vai comemorar ou se sentir especial?".

4. **Aja com a máxima vontade em atender o cliente:** A atitude nesse momento da venda é fundamental, mas existem vendedores que pecam ao demonstrar cansaço ou descaso quando o cliente insiste em perguntar algo ou propor objeções. Sua energia deve ser crescente e a resposta de objeções deve ser feita com a máxima vontade de atender bem o cliente, valorizando suas dúvidas e propondo respostas confiáveis.

5. **Não dê, troque!** O cliente perceberá que preço é um detalhe quando enxergar ganhos com aquilo que você vende, mas, se mesmo assim houver um pedido extra de desconto, considere durante a negociação que esse será um ponto definitivo. Portanto, não dê o desconto, mas troque-o pelo fechamento.

6. **Busque sempre um acordo condicional:** Ter um acordo condicional significa estabelecer com o cliente uma forma de avançar para o fechamento desde que ele concorde. É uma técnica de comunicação na negociação. Por exemplo: Digamos que eu esteja vendendo um terreno no céu. Poucos querem comprar, certo? Mas se eu lhe oferecer e disser: "Se nós dois juntos entrarmos em um acordo de que é um bom negócio, podemos continuar a nossa conversa? Lembre-se, cliente, há uma maneira que você concorde com isso?". A partir daí, é preciso reforçar o DNA do cliente e demonstrar que ele terá benefícios com isso, mesmo que não pareça a princípio. Importante dizer que sempre devemos vender aquilo que o cliente necessita. O exemplo do terreno no céu foi apenas ilustrativo para que perceba que se pode vender e negociar qualquer coisa.

7. **O importante é fazer o cliente ser feliz:** Sempre digo que nossa missão como vendedores é tornar as pessoas mais

felizes. É preciso que você seja ético e altamente responsável pelo resultado que o cliente terá com a compra. Jamais comprometa sua imagem e a de sua empresa para vender uma única vez. Estimular o cliente a ter desejo de compra e saber falar a ele aquilo que você gostaria de ouvir se estivesse comprando. Você compraria seu produto agora? Por quê? Esses motivos são concretos e determinam o valor da venda.

Fundamento 6 – COMPROMETIMENTO

CONSTRUA COMPROMETIMENTO

"Os maiores vendedores sabem que a venda é feita antes do pedido de compra, por isso, para eles fecharem mais vendas, devem ter a certeza de que o trabalho de buscar o comprometimento foi bem-feito."

MARCELO ORTEGA

A) Definindo a venda

Se você já chegou até aqui no processo de vendas, parabéns! Você está indo no caminho certo e chegando cada vez mais perto do seu maior objetivo, que é o fechamento. Isso significa que você já conseguiu abordar o cliente, captar o seu DNA – desejo nunca aparente – e até mesmo superar as suas objeções, que é uma das tarefas mais difíceis em vendas...

O fundamento "comprometimento" consiste em algumas dicas para que você consiga criar uma ponte entre o desejo de compra do cliente e o real fechamento da venda. Obter comprometimento de compra é um grande desafio para os muitos vendedores, pois é preciso conhecer o momento certo para fechar a venda. A verdadeira magia está em não apressar o fechamento, para não assustar o cliente, e ao mesmo tempo não deixar passar o momento exato em que o cliente está pronto para fechar o negócio, pois depois disso algumas dúvidas e inseguranças podem retornar.

Para você conseguir aproveitar esse momento ideal, é preciso conduzir o cliente até ele. Para isso, você deverá utilizar toda a sua capacidade de relações humanas, além de algumas técnicas que explorarei mais adiante. O comprometimento também é um bom início para o relacionamento – Fundamento 7, que acontece após a concretização da venda. Somente um relacionamento perfeito garante a fidelidade de seu cliente, o que significa compras repetidas. Lembre-se: semear agora para colher depois!

Princípio de comprometimento
A melhor maneira de fazer com que um cliente compre é motivá-lo a querer comprar, despertando um grande desejo.

Um relacionamento de sucesso com um cliente é construído sobre comprometimentos progressivos. Os profissionais de vendas devem entender como motivar e não manipular. Para isso, dois elementos são de suma importância: os elementos de relações humanas e os métodos para obter comprometimento.

B) Objetivos do comprometimento

Depois de estudar e praticar o conteúdo do fundamento "comprometimento", você deverá saber:

- como encaminhar de maneira adequada o cliente para o fechamento da venda;
- como utilizar relações humanas para motivar comprometimentos de compra;
- algumas técnicas para gerar comprometimento e sua utilização;
- como superar seus medos e anseios diante do fechamento;
- aproveitar-se do momento para pedir indicações.

C) Usando relações humanas para motivar comprometimentos de compra

A melhor forma de lidar com as objeções dos clientes é utilizar as boas práticas das relações humanas. Esses elementos constituem formas de direcionar a conversa com seu cliente, de modo a direcioná-la para o fechamento bem-sucedido da venda.

Para que você consiga colocar isso em prática, seguem-se algumas dicas importantes, segundo Dale Carnegie:

- fale sobre coisas que interessem à outra pessoa;
- consiga que a pessoa diga "sim, sim" imediatamente;
- deixe a outra pessoa pensar que a ideia é dela;
- a melhor maneira de vencer uma discussão é evitando-a;
- nunca diga para uma pessoa que ela está errada;
- seja simpático aos desejos da outra pessoa;
- comece de maneira amigável;
- faça a outra pessoa feliz realizando aquilo que você sugere.

D) Preparação para um fechamento eficaz da venda

O fechamento é o elemento fundamental para o seu sucesso em vendas.

A inabilidade para fechar uma venda custa mais que o lucro perdido de um pedido. Um pedido perdido pode ferir seu orgulho e sua autoestima. Além do mais, perder uma venda tende a "lançar uma chave inglesa" nos seus sonhos de sucesso.

Uma venda perdida desencadeia a necessidade de melhores técnicas de fechamento. Bem no fundo de nós, especulamos o que podemos atingir com melhores técnicas.

Como superar seus medos no fechamento

A moderna psicologia em vendas nos conta que fechamentos demandam coragem! O processo de fechamento é a resolução de um conflito interno entre a necessidade de proteção do ego e a necessidade de gratificação do ego. Por um lado, nós queremos a venda (gratificação); por outro, queremos nos defender contra a derrota (proteção).

Vendedores que não querem se arriscar a ter o ego contundido tendem a protelar o momento de tirar o pedido. Eles sabem que, enquanto gastarem tempo para fazer o pedido, não sairão feridos. O problema com essa aproximação é que os compradores rapidamente sentirão o medo de o vendedor fechar o negócio e levantarão mais razões para não comprar.

Vendedores que perdem a coragem tendem a cair num círculo vicioso. Seu medo de fechar vai aumentar o medo de o cliente comprar. Os clientes em potencial estarão tentados a pensar: "Se ele não é confiante o suficiente para fechar o pedido, eu não tenho nenhuma razão para confiar em sua proposta".

> A inabilidade em superar o medo é a raiz que causa o fracasso nas vendas.

O que fazer, contudo, para vencer o medo? Em primeiro lugar, você precisa compreender a origem desse medo. Uma das origens mais comuns do medo dos vendedores no momento do fechamento é a lembrança de fracassos anteriores. Isso pode gerar um bloqueio mental que impede que o vendedor tenha coragem para propor o fechamento da venda.

Se esse for o seu caso, o seu principal esforço deverá ser no sentido de utilizar as experiências nem tão bem-sucedidas que você teve como elementos de aprendizado. Ou seja, aprenda com seus próprios erros! Todos já passaram por momentos difíceis em vendas, e é normal, mesmo na história dos melhores vendedores do mundo, perder alguns pedidos. O que não pode acontecer é você se deixar abater!

Quando, porventura, um momento desses ocorrer, procure raciocinar posteriormente, num lugar tranquilo, sobre o que fez você perder essa venda. Comece repassando mentalmente o que aconteceu, o que foi dito entre você e o comprador, e procure identificar o(s) seu(s) erro(s), ou os momentos em que você agiu incorretamente. Esse é, muitas vezes, um exercício doloroso mas importantíssimo para o seu crescimento profissional!

Depois de ter clareza sobre o que deu errado, imagine o que poderia ter sido feito de uma maneira melhor. Recrie mentalmente a cena, substituindo os momentos em que você errou por uma atitude que você considera ideal. Como num filme, você deve imaginar de que forma teria sido a negociação ideal. Repasse essas imagens diversas vezes, até absorvê-las completamente. Agora sim você estará pronto para agir de uma maneira diferente na sua próxima venda!

> Muitos vendedores não são bons no fechamento da venda simplesmente porque o medo do fracasso é maior que o desejo do sucesso.

Um mestre em fechamento de vendas em equipamento construtivo, que também é um entusiástico alpinista, disse: "Um cliente que faz objeções é como uma grande rocha cheia de sulcos e base sólida. Há uma sala cheia de sapatos para calçar e agarrar bem. O cliente não lhe diz em que ponto você está, porque ele está deixando você escorregar como se estivesse tentando subir uma montanha escorregadia".

E) A arte de contar histórias

Bons contadores de histórias são bons fechadores de vendas. Eles sabem como fascinar a imaginação de seus clientes e deixam a história ilustrar a venda da mais elegante e persuasiva maneira. O processo de contar histórias é misterioso e um pouco mal entendido pelos vendedores amadores. Eles sempre sentem que, contando uma história, podem parecer pouco profissionais. Ou então eles subestimam o tremendo poder psicológico de uma boa história.

Abra sua mente para essa fascinante técnica e conheça os três benefícios de uma boa história:

- Histórias relaxam – sua história é um salto para a mudança do clima emocional da conversa, de uma maneira agradável.
- Histórias encantam – sua história vai recapturar a completa atenção do seu cliente. A mente dele vai focar somente em sua história, e é bem provável que ele esqueça as preocupações sobre a compra.
- Histórias conduzem ao fechamento – os personagens de sua história farão a venda para você. Só o que você tem a fazer é preparar o palco, delinear as marcas e deixar que os personagens fechem o acordo por você.

Uma história engraçada para o cliente pagar em dinheiro.

Isto me lembra um cartaz que vi outro dia num restaurante chinês e dizia:

"Você quer crédito – eu não dou... você fica zangado. Você quer crédito – eu dou... você não paga, eu fico zangado. Melhor você ficar zangado do que eu."

> Bons contadores de histórias se tornam histórias de sucesso! Desenvolva histórias que ajudem a criar um clima para o fechamento das vendas.

As mais efetivas histórias que vendem são incontestavelmente as de clientes satisfeitos. Elas podem ajudar a fazer seu cliente se sentir seguro, provar o valor de seu serviço, acrescentar maior qualidade a seu produto ou preceder um grande pedido que você espera.

Quando você coletar histórias de sucesso, pegue cada pequeno detalhe que possa. Descreva o conflito de seu cliente antes e depois da compra.

Explique o que aconteceu na primeira vez em que o produto foi usado.

Grave os comentários positivos de seu cliente.

Anote os detalhes de sua história e tenha certeza de ser curto, claro e interessante.

Pratique contar histórias para seus familiares ou amigos antes e depois de um fechamento de uma venda.

Uma sugestão para você praticar a técnica de contar histórias é escrever em cartões 3 × 5 suas histórias de fechamento. Desenvolva no mínimo cinco boas histórias de fechamento e as leve consigo para ler antes de uma conversa de fechamento ou durante. As pessoas adoram ouvir casos e saber como outras pessoas compraram aquilo que estão para comprar. Os cartões ajudam a gente a lembrar, mas se preferir use seu celular ou *tablet*.

Para formar esse catálogo de histórias, considere as seguintes ideias para ação:

- entreviste clientes satisfeitos e grave a conversa;
- peça a eles permissão para reproduzir seus comentários para novos clientes (faça com que assinem uma autorização);
- inclua esses testemunhos na sua caixa de ferramentas.

Frank Bettger, a cada fechamento que fazia, gravava e/ou pedia ao seu cliente que lhe desse uma indicação, usando um formulário pronto para servir de documento e referência para suas próximas visitas. Os testemunhos também eram importantes para ele, e normalmente ele os tinha à mão, em sua "caixa de ferramentas" ou na pasta, para mostrar quando necessário.

Sua constante busca de comprovações de venda e satisfação dos clientes fazia com que cada vez mais ele tivesse a quem visitar, e por isso ele fez, em quarenta anos, aproximadamente 25 mil visitas.

Os clientes querem e estão motivados a comprar e indicar novos compradores. O vendedor deve saber que depende apenas dele propiciar que isso aconteça.

F) Objeções... elas podem surgir novamente no fechamento!

Quando você imagina que já conseguiu superar todas as objeções do cliente, eis que elas voltam a surgir no momento do fechamento! E, agora, de uma forma mais vaga ainda, como o comprador que diz: "Eu tenho que pensar sobre isto!".

O que fazer nesses casos? Algumas frases que você poderia utilizar nesse momento são:

1. Eu posso ver que essa é uma decisão difícil para você. Sobre o que você quer pensar?
2. Eu entendo que você precisa de mais tempo. Antes que você decida por um caminho ou outro, você poderia me contar as razões contra essa proposta?
3. É sobre o produto ou sobre o preço que você precisa pensar?
4. Obviamente, você deve ter uma razão para dizer isso. Poderia me contar qual?
5. Há alguma coisa que possa prevenir você de pensar dessa maneira?
6. Deixe-me perguntar algo: o que faria você fazer negócio hoje?
7. Não há problema. Eu posso ajudar com isso. Eu não quero que você compre isso antes de estar 100% convencido de que realmente essa é a melhor escolha para você. Onde você sente que nós estamos agora? 80%? (espere pelo "sim"). O que você precisa para ganhar outros 20%? De que tipo de evidência você precisaria para se sentir 100% seguro?

G) Palavras e atitudes de fechamento

Suas palavras de fechamento

Escolha cuidadosamente as palavras que você vai utilizar quando estiver buscando o fechamento. Elas devem seguir as sugestões abaixo:

- Qualidade e não quantidade – suas palavras devem iluminar o caminho na mente do seu cliente para a compra.

- Elimine palavras vagas, repetitivas, vacilantes e negativas.
- Coloque poder em suas palavras (e na sua voz)!
- Utilize gestos, impressões, pausas que captem atenção – seja teatral!
- Conecte o nome de seu cliente com o maior benefício para ele (DNA – desejo nunca aparente).
- O nome de seu cliente é uma ferramenta muito poderosa de fechamento.
- Tempo para o fechamento – todos os tesouros da terra não podem trazer de volta um momento perdido: portanto, não perca tempo!
- Observe a aparência do cliente.
- Ouça.
- Planeje, criando oportunidades.

Atitudes de fechamento

- Atitude de persistência
- Sincero entusiasmo
- Excepcional valor
- Sempre apresente o preço com orgulho... ele vale!

Persistência depende de seu entusiasmo e, como entusiasmo vem de dentro, depende apenas de você. Venda é paciência e persistência, como aprendi com a história de Bill Porter, o maior vendedor da Watkins.

A Watkins é uma empresa de produtos de limpeza e higiene pessoal, trabalhando durante aproximadamente 40 anos no modelo de venda porta a porta. Deficiente por ter tido seu cérebro esmagado pelo fórceps no momento do parto, Porter foi um exemplo de superação e teve sua vida contada por Shelly, sua assistente, numa biografia publicada em livro e retratada no filme *Door to Door*, interpretado brilhantemente por William Macy. Vale a pena ler o livro e assistir ao filme sobre esse verdadeiro homem de vendas, que teve muita paciência e persistência para vencer.

Depois dessa lição de vida, parece mais fácil dizer que é preciso dar um excepcional valor ao seu trabalho de vendas e ao produto ou serviço que se vende, pois é acreditando e valorizando que motivamos e persuadimos os outros a comprar. O preço deve ser tratado como qualquer outro item da proposta, e você deve se orgulhar do valor de sua oferta – jamais achá-la cara, pois ela tem valor.

Depois de toda essa preparação, você pode utilizar técnicas eficazes para obter comprometimento de compra. Veja se consegue seguir os principais métodos de fechamento, utilizados pelos melhores vendedores do mundo.

H) Métodos para obter comprometimento

Existem muitas maneiras eficazes de pedir um comprometimento, de fazer com que o cliente se comprometa com a compra. Aqui estão algumas:

Método da Pergunta Direta – Uma vez que tenha gerado interesse, apresentado uma solução e despertado o desejo, a melhor maneira de concluir é solicitando o pedido.
Exemplo: Posso tirar o seu pedido?

Método da Escolha Alternada – Pede-se ao cliente para selecionar uma de duas opções de natureza menor.
O senhor(a) prefere que eu entregue na matriz ou na filial?
Veja que, ao utilizar essa pergunta, qualquer resposta dada pelo cliente é suficiente para definir a compra.

Método do Ponto Insignificante – Pede ao cliente que tome uma decisão menor que indique que a decisão maior de compra foi feita.
O senhor faz questão que eu ligue antes da entrega?
Se o cliente responder "sim" ou "não", não importa: está fechado.

Método do Próximo Passo – Supõe que a venda tenha sido feita e olha a partir do fechamento em direção às próximas ações que precisam ser tomadas.
O meu pessoal deverá começar os trabalhos por aqui mesmo?

Método da Oportunidade – Apresenta ao cliente uma breve oportunidade de tempo em que negócios ou opções estarão disponíveis. Isso pode ser usado com um cliente que você sabe que está pronto para comprar, mas está adiando a compra.
Se fecharmos hoje, consigo aumentar o tempo de garantia!
Nota: Nunca estenda uma promoção, para não perder sua credibilidade.

Método da Balança – Se o cliente ainda tem outros pensamentos sobre a compra, desenhe um quadro com duas colunas, com "Razões a Favor" em uma e "Ideias Contra" na outra. Mostre ao cliente como as razões a favor pesam mais que as ideias contra.

Você também pode fazer o seguinte:
Trace uma linha vertical numa folha em branco.

Do lado esquerdo, coloque o nome da sua empresa; do lado direito, a letra B para representar o concorrente, chamando-o de empresa B. Não use o nome do concorrente, nem jamais o critique. Você pode colocar mais linhas caso exista mais de um concorrente.

Comece perguntando ao cliente coisas que são importantes para ele e se a empresa B tem. Elogie cada resposta positiva. Depois, chegou a sua vez: diga que todos os pontos que a empresa B tem, a sua empresa também tem, e ainda... Enumere mais pontos positivos a seu favor. Mesmo que o cliente diga que o concorrente também tem, o fato de você ter buscado de forma transparente a melhor solução para ele faz com que ele simpatize mais com sua oferta. Essa técnica é muito sofisticada, e é importante praticar.

nome de sua empresa	empresa b
Pontos fundamentais	Pontos fundamentais
Pontos fundamentais	Pontos fundamentais
Pontos fundamentais	Pontos fundamentais
Pontos fundamentais	Pontos fundamentais
Pontos importantes	
Pontos importantes	
Pontos importantes	
Pontos importantes	

I) Indicações

O melhor momento para pedir indicações de pessoas que possam se interessar por seu produto ou serviço é quando você fecha o negócio. Com certeza, seu cliente tem alguém para lhe indicar, que poderia ser um excelente *prospect*. Além disso, normalmente as pessoas querem que outras também tenham aquilo e falem bem sobre aquilo que elas compraram.

Exemplo: Você conhece pessoas ou empresas que, assim como você, queiram ganhar... (tais benefícios). Se lhe passar alguém pela cabeça, pode me dar o contato para que eu ofereça nossos produtos/serviços/ideias?

J) Caminhos para o comprometimento

Assim como fiz nos outros capítulos, aqui também eu gostaria de lhe sugerir o caminho das pedras para garantir o comprometimento de seu cliente:

Motive o cliente a querer comprar
O caminho mais fácil para o comprometimento é despertar um grande desejo no cliente. Se o cliente realmente desejar algo, nada o fará deixar de comprar aquilo!

Seja um entusiasta permanente de boas práticas de relações humanas
Se você usar adequadamente as boas práticas de relações humanas, será difícil resistir a comprar de você! Seja sempre simpático, sorria, não discorde do cliente, procure ser sempre amigável e agradável!

Perca o medo do fechamento
Eu sei que todos nós temos nossos temores e anseios, mas, para um vendedor, o medo do momento de fechar a venda pode ser letal. Procure encarar e trabalhar seus medos para não perder negócios futuros!

Torne-se um bom contador de histórias
Isso também exigirá sua dedicação e treinamento, mas ter boas histórias na manga pode ajudá-lo enormemente! Um bom contador de histórias encanta e diverte, e quem não quer fazer negócios com alguém assim?

Peça o comprometimento
Se você conseguiu vencer seus medos, saiba como pedir comprometimento, usando algumas das técnicas que discutimos neste capítulo: pergunta direta, escolha alternada, oportunidade, próximo passo ou outro.

Aja e fale de acordo com o momento
Este é um momento crucial, do qual depende o fechamento da venda. Por isso, as suas palavras e atitudes devem estar de acordo com a ocasião. Lembre-se: o principal é ter muito entusiasmo em todas as suas falas e gestos. Essa é a verdadeira garantia do sucesso no comprometimento!

QUIZ

1. Quais são as melhores técnicas para conduzir o cliente ao fechamento da venda?
2. Por que é importante eliminar objeções antes de pedir o comprometimento?

SUGESTÃO DE APLICAÇÃO

Faça uma simulação de fechamento de vendas, lidando com objeções e conduzindo o cliente ao sim final.

PLANO DE AÇÃO

Em uma folha, descreva de que maneira você aplicará o que aprendeu.

- Com quem (cliente).
- Como.
- Quando.
- Onde.

7 Dicas VENDEDORAS para fechar mais vendas

É preciso ter habilidades para vencer os erros no fechamento da venda. Ideias de grandes negociadores podem melhorar em muito seu desempenho. Minhas dicas baseadas nessas grandes ideias e práticas de fechamento são:

1. **Defina com o cliente como está a sua decisão, de 0 a 10:** Se ele disser um número diferente de 10, pergunte: "O que é preciso para somarmos mais pontos?". Por exemplo, se a resposta for 8, a pergunta é: "O que é preciso para que nós alcancemos mais 2 pontos?".

2. **Dependendo da resposta do cliente, "abra seu coração":** Caso o que o cliente peça para fechar seja impossível,

como um desconto alto, estabeleça com ele em sintonia a mais verdadeira resposta, apelando para os motivos mais nobres, como "Nossa empresa vai quebrar com essa margem, e eu não terei emprego muito em breve", ou ainda "Gostaria muito de poder lhe conceder isso, mas confesso que lhe fiz a melhor proposta e cuidarei para que tenha o resultado que prometi".

3. **Inicie o fechamento com técnicas como as que vimos neste fundamento do comprometimento.** No entanto, desenvolva a conversa com a máxima sinceridade e olhe sempre seu cliente no olho, de modo confiante, sem medo de errar.

4. **Busque o fechamento imediato:** Preste atenção no cliente para conquistar agora aquilo que ele busca, em vez de adiar a decisão e continuar com o problema atual. É preciso criar senso de urgência e abreviar a decisão pelo simples fato de que seu produto e serviço possuem todas as qualidades e vantagens procuradas.

5. **Saiba controlar o fechamento da venda:** Não fique enrolando o cliente com explicações grandes ou conversas que o fazem repensar. Exemplo: "Quando estive na Europa com minha esposa, um vendedor de uma ótica, onde paramos para ver um modelo de óculos de sol, cometeu o erro de postergar a venda. Nós já estávamos decididos a comprar, mas ele simplesmente começou a falar de outros óculos, explicando demais sobre os produtos, desviando nossa atenção da compra. Ele queria ser atencioso, mas acabou perdendo a venda por isso. De tanto falar, preferimos comprar depois".

6. **Busque o elemento surpresa para fechar:** Mais uma vez, surpreender é preciso. Se tiver algo que possa valorizar a compra, como um jantar, um serviço exclusivo, um prêmio, um brinde, isso é sempre bem-vindo e deve ser mostrado ao

PARE DE RECLAMAR! SEJA UM EXEMPLO DE ATITUDE POSITIVA.

Quando não estamos vendendo para fora da empresa, estamos vendendo para dentro. Os vendedores que explicam por que não vendem, vendem o tempo todo. Vendem para o chefe com imensa criatividade os motivos que os impedem de gerar negócios e os ajudam a reclamar. Se usassem essa criatividade para vender, se dariam melhor.

Parar de reclamar é a solução. Evite usar palavras e frases como "crise", "Não vai dar certo", "Está muito em cima da hora", "Acho que esse cliente não pode comprar", "Está difícil".

Se quiser vender mais, mova-se. Procure um cliente em potencial e não desperdice seu tempo com aquele que não precisa do seu produto.

Saia de perto de gente que só reclama e analise sua agenda, pois nela deve haver anotações de coisas que você faz todo dia da mesma maneira.

Para ter resultados diferentes, passe a fazer sua venda de forma diferente, em especial, vise à produtividade. Se você perde muito tempo com *e-mails*, *chats*, bate-papos, deve parar agora para tomar uma decisão: eles são mais importantes que suas vendas?

Para ter resultados diferentes, passe a fazer sua venda de forma diferente, em especial, vise produtividade.

cliente antes de ele fechar a compra. Muita gente compra um produto pelo brinde ou prêmio. Isso agrega, mas todo o diferencial desse elemento surpresa está na maneira como é mostrado. Procure guardar esse trunfo para o momento certo, a hora "h" do fechamento da venda.

7. **Tenha olho de tigre:** Uma das características mais marcantes que vi em grandes vendedores é o "olho de tigre", aquele olhar com pupilas dilatadas, com energia, com convicção.

Saiba fazer seu cliente sentir a que veio. Demonstre que está altamente entusiasmado em fazer esse negócio e que ambos lucram com essa relação. Um amigo certa vez me disse que minha fisiologia mudava quando estava em uma negociação de vendas. Eu percebi ali que tinha jeito para a coisa e que vender e negociar depende muito do comportamento e da atitude do profissional. As técnicas sozinhas não fazem nada!

Fundamento 7 – PÓS-VENDA

CONSTRUA RELACIONAMENTOS DURADOUROS

"Uma venda somente é concluída quando o cliente compra novamente."

AUTOR DESCONHECIDO

A) Atendimento pós-venda

Você pode fazer milhões de coisas para conquistar clientes, mas para perdê-los basta uma: esquecer um detalhe qualquer. De nada adianta seu esforço em fazer a primeira venda se você não acompanhar o cliente no momento em que ele mais quer a sua companhia, logo após o fechamento da venda. É comum que vendedores busquem conquistar sempre novos negócios e muitas vezes se esqueçam de monitorar se o cliente que acabou de comprar ficou satisfeito e se seu DNA – desejo nunca aparente – foi atendido.

A empresa ou pessoa que se torna cliente espera do vendedor a sua presteza e atenção no pós-venda. Se o vendedor abandona o cliente nesse momento e só depois de algum tempo volta a visitar ou ligar para ele, vai encontrar um cliente ressentido ou sem aquela mesma sintonia conquistada durante a venda. Ou, o que é pior, esse cliente estará perdido.

É muito mais fácil vender numa empresa ou para uma pessoa que já comprou do que para quem nunca comprou. Além disso, muitos estudos dizem que é mais barato para uma empresa manter seus clientes atuais do que conquistar novos, principalmente porque muitas vezes é preciso fazer descontos, concessões e promoções para conquistar um cliente novo.

Por isso, neste fundamento falarei sobre como investir na fidelização do seu cliente, além de sugerir melhores práticas da pós-venda!

V.E.N.D.A.S.

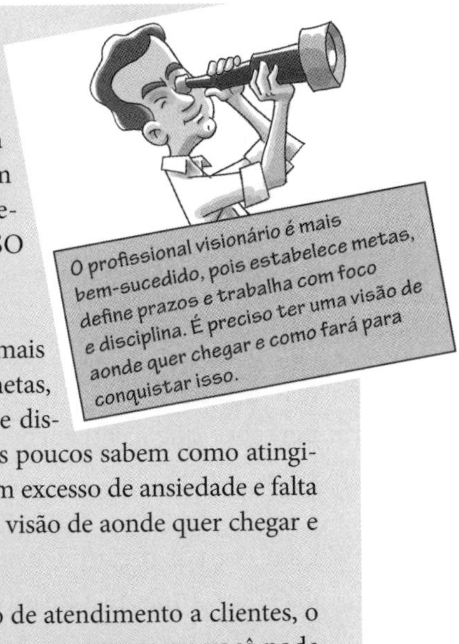

Podemos segmentar as letras da palavra V.E.N.D.A.S., formando assim um acróstico para lembrar dos elementos fundamentais para o SUCESSO EM VENDAS.

V. **Visão:** O profissional visionário é mais bem-sucedido, pois estabelece metas, define prazos e trabalha com foco e disciplina. Vendedores têm metas, mas poucos sabem como atingi-las. Ou pior... muitos convivem com excesso de ansiedade e falta de planejamento. É preciso ter uma visão de aonde quer chegar e como fará para conquistar isso.

E. **Entendimento:** No trabalho diário de atendimento a clientes, o maior desafio é ENTENDER o que sua empresa ou você pode oferecer de valor para aquela pessoa. Entender antes de atender é saber investigar adequadamente as oportunidades e criá-las com seu cliente. Uma venda pode ser ampliada se o vendedor souber investigar e analisar o cliente. Isso significa um bom entendimento do negócio.

(continua)

(continuação)

N. Necessidade: Onde não há necessidade não há venda. Vemos diariamente vendedores tentando "empurrar" produtos e serviços, oferecendo, dando desconto e, em grande parte, perdendo vendas. Isso ocorre porque falta ao vendedor buscar satisfazer o lado intangível da venda, o que chamo de DNA do cliente, que só é revelado com sintonia, envolvimento e afinidade ao fazer as perguntas certas.

D. Desejo: O vendedor deve promover um verdadeiro desejo de compra, oferecendo soluções únicas e memoráveis. O cliente deve se sentir seguro e estimulado a comprar.

A. Atendimento: Somente a empresa que valoriza o bom atendimento e o pós-venda consegue estabelecer crescimento sustentável em vendas, pois custa muito caro conquistar e perder clientes.

S. Satisfação: Encantar o cliente para vender sempre é a missão final do vendedor.

B) Objetivos do pós-venda

Depois de estudar o que estou propondo em relação ao pós-venda, você deverá ser capaz de:

- compreender a importância de não apenas cativar novos clientes, mas também de manter os clientes atuais;
- perceber que a satisfação não é o único elemento para a fidelização de clientes;
- estabelecer relacionamentos valiosos com seus clientes;
- lidar com as reclamações na pós-venda;
- utilizar o *rapport* a favor da fidelização e do relacionamento.

C) Maus exemplos... Faça diferente!

Certa vez, numa rede de lojas de carros em que eu prestava consultoria e treinamento, assisti a uma situação que ilustra esse tema:

Um vendedor recebe um senhor de idade que era um dos principais clientes daquela loja. Tratava-se de um empresário que comprara uma frota de veículos para sua empresa e trocava também seus carros mais antigos por novos naquela loja. Percebi que o vendedor já tinha intimidade com esse cliente e até o tratava com muita liberdade. Mas o que mais me intrigou foi ver que, quando apareceu uma pessoa na loja, possível comprador, e perguntou algo a esse vendedor, ele simplesmente abandonou aquele senhor empresário e cliente e foi atender esse novo contato. Depois do ocorrido, questionei o vendedor: por que ele havia optado por deixar o senhor de idade para atender aquela pessoa desconhecida? Ele simplesmente me disse que o senhor de idade já era cliente e o desconhecido, ainda não.

Ora, diante de tal absurdo, eu posso concluir: há muitas empresas e vendedores por aí que cometem o pecado do descaso e tratam seus clientes sem a devida importância. Depois se assustam quando os índices de fidelização são baixos e seus indicadores de vendas diminuem gradativamente.

Em pesquisa realizada em 2004 nos principais shoppings centers de São Paulo, chegamos ao índice médio de fidelização de 12%. A cada grupo de 100 clientes que compravam, apenas 12 voltavam a comprar. E o pior, os vendedores estavam cada dia mais orientados a tratar melhor o novo cliente do que o antigo.

Fui cliente de um grande banco durante 10 anos, até que um dia fui tratado da mesma maneira que o cliente da loja de carros. Notei que duas pessoas de minha equipe de vendas haviam recebido presentes do banco, tais como um ano de assinatura de revista grátis ou uma viagem para o Nordeste. Questionei o motivo da premiação, e eles me disseram que tinham acabado de abrir conta naquele banco e, óbvio, adoraram os prêmios que ganharam com a abertura da conta.

Por se tratar do mesmo banco que o meu, eu logo liguei para a central de atendimento para verificar o que haviam reservado como prêmio para mim, correntista há bastante tempo e detentor de três cartões de crédito daquela instituição. Acredite se quiser, a resposta da atendente foi que eu não fazia parte daquela campanha de incentivo. Mesmo assim, eu procurei uma explicação melhor, questionando o motivo pelo qual as duas pessoas de minha equipe, que acabaram de se tornar clientes, tinham sido beneficiadas e eu, como cliente antigo, não estava sendo premiado e bem tratado também. Bem, ela nada pôde fazer, apenas disse que eu não tinha direito a nada e que aquela campanha era para trazer novos clientes.

Eu até entendo essas ofensivas de marketing para conquistar clientes, só achei um absurdo que não tivessem imaginado que isso poderia acontecer, ou seja, um cliente conhecer alguém que não era cliente e havia recebido algo do seu banco por abrir uma conta-corrente nova.

Mandei carta ao gerente de marketing do banco demonstrando minha indignação com o ocorrido e, como não tive nenhum retorno, hoje sou cliente do outro banco!

Eu pergunto: será que o banco ou a loja de carros saíram ganhando?

No curto prazo pode até ser, mas esses exemplos são comuns e fazem que, no longo prazo, os clientes deixem de ser fiéis, pois fidelidade é algo remoto nos dias de hoje e depende muito da atenção que damos aos detalhes.

Detalhes como esses faltaram a um vendedor de móveis, que passou um ano inteiro tentando vender a um cliente (amigo meu) todos os móveis novos para escritório. Ele visitava regularmente o meu cliente e era muito simpático e atencioso. Deve ter tomado uns 20 litros de café, somando todas as visitas, de tanto que aparecia para conversar.

Ele se mostrava muito atencioso e com um real interesse em deixar o escritório dessa pessoa bonito, com muita qualidade e funcionalidade. O DNA, ou desejo maior desse meu amigo cliente, era que seus funcionários ficassem com um ambiente ainda melhor e dinâmico, com móveis inteligentes e bonitos. Quando ele decidiu trocar o mobiliário, adivinha com quem ele fechou negócio? Com aquele vendedor. Dias depois, foram entregar e montar os móveis. Eu estava lá, e o tal vendedor simpático e presente simplesmente não apareceu. Nem depois, nem na semana seguinte.

O fato é que a mesa do meu amigo, justamente a dele, teve um problema no gaveteiro e trocaram a peça somente um mês depois.

Logicamente, ele ficou muito bravo e falou mal dessa empresa de móveis para muita gente. O principal motivo, segundo ele me contou, não era o fato de o gaveteiro ter dado problema; afinal, tudo pode dar problema! Mas o que o deixou mais insatisfeito foi o fato de que o vendedor não estava lá para acompanhar, ver se ficou bonito, elogiar e até mesmo lamentar o problema ocorrido com a mesa, para remeter o fato à área competente. Não agiu como o profissional sério que servira de referência para a decisão de compra desse cliente.

Por que eu contei essas histórias? Aliás, são apenas algumas que sei e presenciei, pois situações assim acontecem todos os dias em todos os lugares. Eu as contei para que você possa avaliar a sua conduta (ou de sua equipe) quanto ao atendimento no pós-venda.

Os clientes estão cada vez mais atulhados de opções. É muito difícil encontrar um setor no mercado em que ainda exista o monopólio. Ou seja, para o cliente é extremamente fácil trocar de fornecedor. Isso está tornando os clientes cada vez mais infiéis, especialmente quando o vendedor e a empresa vendedora não lhe dão a devida atenção.

Podemos dizer que existem pelo menos dois elementos de sustentação para a fidelidade de um cliente: a satisfação e o relacionamento.

D) Entendendo a satisfação

O conceito de satisfação do cliente diz que ela consiste na comparação entre a expectativa do cliente e o desempenho do produto ou serviço adquirido.

A expectativa é o que o cliente esperava receber. Todo mundo tem alguma ideia sobre como será aquele produto que pretende comprar, como ele funcionará, o que ele trará de bom para o cliente. Muitas vezes, essas ideias são formadas por comunicação boca a boca, pela indicação de outros clientes, por experiências anteriores do cliente com esse produto ou empresa ou até mesmo pela comunicação que o cliente recebe da própria empresa vendedora, como propaganda ou o que foi dito pelo vendedor.

Ao receber o produto ou o serviço comprado, o cliente fará uma avaliação do desempenho, o que chamamos de pós-compra. Nesse momento, o comprador fará a inevitável comparação entre o que esperava e o que recebeu. Se o que o cliente recebeu for exatamente o que ele esperava, ele ficará satisfeito. Se ele esperava mais do que recebeu, ficará insatisfeito. E se ele recebeu mais do que esperava, ficará encantado! Esse já é um excelente passo para conquistar a fidelidade do cliente: surpreendê-lo positivamente!

Confira esse processo na figura a seguir:

Figura 2.17 Expectativas do cliente

Portanto, o vendedor de sucesso deve ter clareza quanto à necessidade de gerenciar corretamente as expectativas dos clientes. Quanto maior for a expectativa, maior será a dificuldade de atendê-la. Imagine a seguinte situação: muitas pessoas falam para você sobre um filme que está em cartaz nos cinemas. Todos dizem que o filme é ótimo, que você precisa ir logo assisti-lo. Quando você finalmente vai ao cinema, o que acontece? Geralmente você vai achar que o filme não é tão bom assim, pois as suas expectativas estavam altíssimas!

Considere um outro exemplo: uma escola de inglês anuncia que você ficará fluente no idioma em apenas oito semanas! Empolgado, você não perde tempo e vai logo fazer sua matrícula. Ao final de oito semanas, você percebe que não consegue manter um diálogo em inglês, que não entende o que é falado em filmes nem suas músicas favoritas. Com certeza você ficará frustrado e muito insatisfeito. Por que isso aconteceu? Sua expectativa ao se matricular no curso era altíssima!

Moral da história: você nunca deve prometer mais do que a sua empresa é capaz de entregar! Se o produto vai chegar em sete dias, deixe isso bem claro ao cliente. Não deixe ele pensando que serão cinco, pois isso com certeza irá gerar insatisfação. Muitos vendedores e empresas preferem manter o cliente com expectativas altas, acreditando que assim terão vantagem frente à concorrência.

No curto prazo, isso até pode ser verdade, mas no longo prazo a insatisfação dos clientes pode custar caro e até fazer a empresa fechar!

Além disso, não se zangue com o cliente que reclamar de alguma coisa após a compra. Se ele reclama, é porque está dando a você uma oportunidade de reverter o processo de insatisfação e voltar a conquistá-lo. Muitas vezes, uma reclamação bem tratada pode fazer o cliente se tornar mais fiel ainda do que era antes; por isso, não desperdice essa chance!

E) Marketing de relacionamento

Não basta deixar o cliente satisfeito ou até encantado para garantir sua fidelidade. É preciso manter um relacionamento próximo e valoroso com ele. Quando digo valoroso, isso significa que o cliente deve perceber valor nesse relacionamento, que deve ser significativo para ele. Um bom relacionamento se constrói aos poucos, ao longo do tempo, e se solidifica cada vez que o cliente é reconhecido, atendido, preferido... Quem não gosta de ser tratado pelo nome? Quem não gosta de que lembrem do nosso aniversário? E quem não gosta de saber que a empresa em que gastamos nosso dinheiro é grata por isso e reconhece nosso valor?

> "O produto que mais vende é o que mais se oferece."
>
> DAVID FADEL

Não há como negar a força que o marketing boca a boca tem para muitos negócios, e principalmente o profissional de vendas deve se beneficiar disso. Diversas pesquisas de mercado retratam que um cliente satisfeito é o melhor vendedor de nossos produtos e serviços. E um cliente insatisfeito é uma potente arma contra os negócios. Um cliente satisfeito fala bem de sua empresa para duas ou três pessoas e um insatisfeito fala mal para mais de 30 pessoas, para as quais passará a ser dificílimo vender o produto da sua empresa.

Em vendas, o cliente tem um importante papel para o sucesso, e as melhores práticas do vendedor profissional no pós-venda são todas voltadas para o marketing de relacionamento:

1. Tratar seus clientes como parceiros que podem gerar novos negócios e indicações.
2. Registrar conversas importantes com clientes para evitar impasses e problemas.
3. Dar ao cliente canais de comunicação para reclamar, criticar ou sugerir.
4. Jamais discriminar ou deixar de priorizar o cliente.
5. Acompanhamento constante.

Diversas empresas vêm adotando políticas sérias de relacionamento e sabem que custa muito caro perder um cliente ou deixá-lo insatisfeito. O que pouco se faz é treinar vendedores nesse tema, especificamente na preparação para o contato constante e adequado.

Os melhores vendedores do mundo, como Bill Porter, que foi um dos maiores vendedores da Watkins, nos Estados Unidos, fazia com muita habilidade esse papel de relacionamento com clientes. Porter, que era deficiente e tinha uma das mais bonitas histórias de superação, fazia com que seus clientes se tornassem amigos, independentemente do produto que ele vendia. No início, precisou de muita paciência e persistência (mensagem maior do filme *Door to Door*) para vender, mas seu foco no cliente e sua atenção tenaz fizeram com que as pessoas o vissem como um membro da comunidade. Essa comunidade era enorme, pois Porter atendia clientes num raio de mais de 30 km, vendendo porta a porta. Chamava a todos pelo nome, sabia de particularidades de cada um, pedia indicações e fazia novos clientes a cada dia. Teve um dos resultados mais constantes da história da sua empresa e, com todas as dificuldades de falar e andar, jamais passou um Natal sem levar brindes da Watkins a seus clientes. (Veja, no final deste fundamento, o quadro contando essa história de perseverança.)

Numa era em que os produtos são muito parecidos, em que a qualidade e os preços são similares, só nos resta reconhecer a importância do atendimento do vendedor.

Relações humanas em vendas são 50% do caminho andado e são 99,99% determinantes na hora de o cliente decidir entre você e seu principal concorrente. É preciso ter princípios de relacionamento e usar o marketing que ele gera a nosso favor.

Se o seu cartão de visitas tem: nome, WhatsApp, contato para mensagens diretas, endereço, *web site*, seu cargo, está na hora de você torná-lo memorável, disse Jeffrey Gitomer, autor do livro *Bíblia de vendas*.

Ele conta que um vendedor que conheceu imprimia seu cartão no verso de cartas de baralho e tinha mais clientes que todos na empresa. Coincidência?

Sua imagem deve ser renovada aos olhos de seus clientes constantemente, e sua mensagem deve ser criativa e memorável.

Hoje eu utilizo cartões duplos com serrilha e gasto o triplo do preço de um cartão normal. Fiz questão de visitar todos os meus clientes para levar meu cartão novo. Sabe por quê? Só para que eles me perguntassem por que eu imprimi os mesmos dados em cada parte do cartão, tornando-o duplo, apenas invertendo as cores.

Quando me faziam essa pergunta, eu logo respondia: "Para que, se quiser me indicar a alguém, rasgue o cartão ao meio, na serrilha, e o entregue a essa pessoa".

Passei a receber mensagens diretas de indicados por meus clientes e, só com o que já fechei em negócios, paguei meus cartões pelo menos 100 vezes.

> As ideias de marketing de relacionamento não devem vir de sua empresa apenas.

O vendedor deve criar elementos diários para obter indicações vindas de seus clientes. A chance de vender para um cliente indicado é oito vezes maior do que para um cliente ainda não qualificado. Percebam que chamo a todos de *clientes*, pois penso dessa maneira mesmo antes de vender para eles. Acho que isso me coloca numa situação mais familiar e me dá ainda mais interesse na venda.

Americanos classificam assim:

- *Suspects* – contatos sem qualificação
- *Prospects* – potenciais clientes
- *Customers* – clientes

Independentemente de como você qualifica, lembre-se de revisar e criar uma estratégia para manter seus clientes e ter um marketing de relacionamento intensivo. Uma das premissas de marketing de relacionamento é identificar clientes, para depois classificá-los e assim aplicar estratégias diferenciadas para cada classe ou grupo de clientes. Lembre-se: nem todos os clientes são iguais, eles não compram pelos mesmos motivos, não pensam da mesma maneira e não compram as mesmas coisas. Por que, então, você deveria vender do mesmo jeito para todos eles?

Uma empresa de *software* queria conhecer a opinião de seus clientes sobre seu atendimento. Imaginava ter um bom nível de satisfação, até porque os vendedores e atendentes não relatavam problemas de relacionamento. Depois da pesquisa que fez pela internet, incentivada com um sorteio de uma TV de plasma, a empresa foi surpreendida pela péssima imagem que o seu cliente (ou ex-cliente) tinha. Com quase 70% de reprovação na questão relacionamento, a empresa passou a se preocupar seriamente com a visão de fora para dentro.

> A melhor visão sobre nós não é a que temos no espelho, mas sim aquela que é vista pelos olhos dos outros. Nós não somos quem pensamos que somos, mas aquilo que os outros pensam de nós.

Por isso, uma ferramenta importante para relacionar-se eficaz-mente com seu cliente é fazer com que ele possa dizer, para outras pessoas, o que pensa de você. Jamais encare uma crítica vinda de um cliente como algo ruim, pois você deveria até pagar por ela.

Se quiser fazer a diferença e ter sucesso em vendas, é preciso trabalhar com foco no cliente, que é a unidade de lucro de qualquer negócio. Lembre-se de que o marketing de relacionamento é, sobretudo, a forma mais barata e eficaz de conseguir isso, e que o profissional de vendas é o que mais lucra com ela. Por isso, mãos à obra... Vá fazer pós-venda como uma importante parte do seu dia a dia em vendas!

F) Dicas para o bom atendimento pós-venda

O relacionamento duradouro se dá com atitudes do vendedor:

1. Trate o seu cliente após a venda como se tratasse seu filho depois que ele tirou boas notas na escola, atenciosamente e de forma incentivadora.
2. Coloque-se à disposição como referência para suportar problemas que porventura existam – esse também é seu papel como vendedor.
3. Procure saber se esse cliente atingiu o esperado ou se satisfez seu maior desejo de compra (DNA).

No relacionamento com o cliente, muitas outras coisas fazem com que alguns vendedores se destaquem dos seus concorrentes e até mesmo de outros vendedores na mesma empresa:

1. Chamar as pessoas pelo nome.
2. Saber mais do que aspectos profissionais do cliente: sobre a família, *hobbies* etc.
3. Lembrar datas comemorativas.
4. Dar ao cliente um pouco do seu tempo, sem interesse em vender nada, como visitas ou mensagens diretas de atenção.
5. Pensar no cliente como uma importante conquista e sempre incluí-lo no mapa de novas oportunidades.
6. Se o cliente não está mais apto a comprar de você, valorize-o. Ele pode indicar você.
7. Saiba pedir indicações e testemunhos. Os clientes adoram saber que são referências positivas. Isso confirma que eles são importantes.
8. Diga sempre a verdade, mesmo diante de problemas e falhas.
9. Admita rapidamente quando o erro for de sua empresa ou seu.
10. Não aponte erros do cliente sem deixar a ele o direito de restabelecer sua honra. Faça perguntas e deixe-o concluir pelo seu erro.
11. Priorize o seu cliente fiel quando tiver a oportunidade de premiá-lo com brindes ou descontos.
12. Adote uma postura com *rapport* em qualquer situação.

G) *Rapport* – Utilize também no pós-venda!

Um cliente permanece cliente quando a sintonia entre você e ele se mantém. A sintonia e a afinidade são pontos fundamentais durante todo o processo de vendas. Desfazem barreiras e permitem um relacionamento mais fácil para gerar novas vendas.

Um dia, num restaurante que frequento perto de minha empresa, tive a oportunidade de comprovar isso. Eu estava atrasado, e eles demoravam a me trazer o prato pedido. Sem muita paciência, eu chamei o garçom a distância e disse: “Fulano, cadê o almoço pedido há 40 minutos???". Eu confesso que estava bravo, e ouvi do garçom: "Marcelo, mas não é que ainda não veio mesmo?!". Em bom e forte sotaque baiano!

Sabem o que ele fez comigo? Acalmou-me, por incrível que pareça. Ele usou um tom de voz forte, igual ao meu, e gesticulou do meio do salão do restaurante, demonstrando indignação também. Se ele respondesse calmamente ou me ignorasse, poderia até me perder como cliente ou ter o pedido cancelado.

Isso se chama *rapport*, que como já vimos é uma ferramenta importante para equilibrar emoção e acompanhar o estado de espírito do cliente. Pode ser aplicado por vendedores e centrais de atendimento e de suporte e em todos os canais de atendimento ao cliente no pós-venda.

Venho fazendo muitos treinamentos para a área de atendimento ao cliente e pós-venda, ensinando como o *rapport* é importante e pode ser aplicado na hora de se colocar do lado do seu cliente e mantê-lo confortável.

H) Caminhos para o relacionamento

Preocupar-se com o relacionamento é compreender que o trabalho do vendedor não consiste apenas em atrair novos clientes, mas também em reter os clientes atuais! Para conseguir isso, trilhe o caminho a seguir:

- *Tome cuidado com as expectativas elevadas*

  Seguir esse passo é muito simples: basta jamais prometer o que você não será capaz de cumprir. Isso pressupõe honestidade e transparência por parte do vendedor. O relacionamento é um investimento de longo prazo!

- *Receba as reclamações como oportunidades*

  Uma reclamação é uma oportunidade em pelo menos dois sentidos:

  a) uma oportunidade de reconquistar um cliente insatisfeito;

b) uma oportunidade de melhorar o produto ou serviço da empresa, além da sua própria atuação como vendedor.

Aprenda a lidar com as reclamações. Não desperdice essa oportunidade!

- *Invista no pós-venda*
  Uma venda fechada não significa que você não precisa mais se preocupar com esse cliente! Faça a diferença preocupando-se com o que aconteceu depois da venda, como foi a entrega do produto, se o produto realmente atendeu ao DNA – desejo nunca aparente do cliente – e mesmo com outros assuntos que não estejam diretamente relacionados com a venda em si, como a *performance* da empresa do cliente no mercado, aspectos pessoais da vida do cliente (nascimento do filho, data do aniversário etc.)...

- *Utilize o relacionamento como uma porta para novos clientes*
  Muitos vendedores acreditam que é perda de tempo relacionar-se com um cliente após a venda; afinal, o seu objetivo já foi atingido. Porém, se você mantém o nível de satisfação do seu cliente elevado, ele não hesitará em indicá-lo para amigos e conhecidos, que poderão tornar-se seus clientes também!

Confira a seguir a história de Bill Porter, um exemplo de superação e bom relacionamento em vendas!

PACIÊNCIA E PERSISTÊNCIA

Viver nos Estados Unidos, país do moralismo e do prejulgamento, onde pessoas são discriminadas por religião, cor de pele e ainda mais na época em que tudo aconteceu, há mais de 60 anos, era um grande desafio, pois a vida de um vendedor porta a porta

(continua)

(continuação)

era sem recursos e nenhuma comodidade. Imagine então para um deficiente, fadado ao fracasso pela opinião da grande maioria. Mas Bill Porter foi à luta e revelou-se um exemplo para muitas pessoas. Falar sobre Porter é como descrever um fato importante da história empresarial, que em tempos remotos era apenas voltada para a indústria e suas descobertas, mas atualmente é fundamental que se fale sobre pessoas. Se você assistir ao filme *Porta a porta* (*Door to Door*), sei que vai entender por que me refiro à importância das pessoas, sobretudo do relacionamento que teve peso único na vida desse homem simples e deficiente, mas com uma imensa habilidade em se relacionar. Bill se tornou um dos mais famosos vendedores do mundo pela sua implacável vontade de dar certo e por ser audacioso e convicto de que o ser humano pode, independentemente de seus limites físicos, ser bem-sucedido em qualquer área de sua vida. Errou muitas vezes, por seu temperamento forte e por ser muitas vezes orgulhoso, mas foi digno do posto que ocupa na história passada e atual e certamente será lembrado no futuro. A mensagem forte desse filme é paciência e persistência, aplicadas da maneira mais objetiva possível e com requintes de crueldade. Em alguns momentos, chega-se a ter pena de Bill, mas dá ainda mais pena ver vendedores sem 10% do entusiasmo que teve Bill Porter e que passam a vida inteira reclamando de tudo, encontrando explicativas para fracassos e comemorando o insucesso em vendas. No começo de sua carreira, Bill Porter teve que se superar. Seus maiores adversários eram ele mesmo, sua atitude e sua dedicação. Vencer os preconceitos também foi difícil, mas, graças ao que aprendeu com o apoio de sua mãe, Bill foi paciente e persistente o suficiente para conquistar seu espaço. A leitura que faço de sua história pelo filme é que os casos de vendas apresentados retratam a realidade de muitos de nós, vendedores profissionais, mas poucos têm o discernimento de evoluir com os erros, de saber ser duros na queda e, especialmente, poucos se mantêm na dianteira. Os que são passados para trás deixam de experimentar o sabor da conquista, que é valiosa na área de vendas e é o real sentido de ser vendedor. Porter foi ainda mais longe: mostrou-nos o poder de uma boa apresentação pessoal, trajava sempre terno e gravata, tinha sempre bom humor, ganhava o respeito de todos e sabia vender com uma comunicação

(continua)

(continuação)

eficaz apesar de seu problema de fala, pois sabia fazer perguntas e envolver o cliente, mesmo que não fosse para vender. O relacionamento o fazia vender sempre, e isso se deve ao fato de que ele focava no interesse do outro (do cliente) e investia seu interesse sincero em saber mais da vida das pessoas. Quantas vezes fazemos visitas ou damos telefonemas sem interesse próprio? Ele o fazia e sabia ser agressivo (no bom sentido), vendia com a certeza de que estava fazendo o melhor pelo cliente e fechava o negócio por ele. Sua vida não foi fácil como a vida de muitos de nós, e a leitura ainda mais profunda que posso fazer sobre Bill Porter, especialmente depois que fiz pesquisas sobre ele, é que vale a pena cada minuto que investimos em nossos objetivos. Saber o que se quer em vendas e na vida: só assim teremos chances de superação e de ter sucesso. Mas lembrem-se: é preciso ter paciência e persistência.

Fonte: História narrada e baseada no filme *Door to Door* ou *Porta a porta*, sobre a vida de Bill Porter.

QUIZ

1. Por que o acompanhamento após a venda é essencial para a fidelização do cliente?
2. Cite duas maneiras de agregar valor na etapa de pós-venda.

SUGESTÃO DE APLICAÇÃO

Entre em contato com um cliente para verificar sua satisfação e oferecer suporte adicional.

PLANO DE AÇÃO

Em uma folha, descreva de que maneira você aplicará o que aprendeu.

- Com quem (cliente).
- Como.
- Quando.
- Onde.

7 Dicas VENDEDORAS para ter resultados em pós-venda

No pós-venda é que se revelam os grandes vendedores. Aqueles que vendem sempre e constroem relacionamentos duradouros com seus amigos clientes. Seguem-se dicas poderosas para fazer um extraordinário pós-venda:

1. DEDIQUE TEMPO PARA RELACIONAMENTO: Ligue para um cliente antigo por dia, visite dois por semana, se for possível sair da empresa. Dedicar tempo para saber de seus clientes, aqueles que compraram pelo menos uma vez, faz com que você consiga sempre vender para eles. Mas lembre-se de procurar esse cliente, a princípio, sem a intenção de vendas, mas com interesse em saber como ele vai e se atingiu o resultado com seu produto ou serviço.

2. SAIA DO CONVENCIONAL: No pós-venda, todo mundo enche o cliente de *e-mails*, por exemplo. Lembre-se de que fazer aquilo que todo mundo faz o torna mais um vendedor na multidão. Lembre do seu cliente de forma personalizada e procure comunicar-se com ele, mesmo que por *e-mail*, em alguns momentos para vender e em outros para parabenizar.

3. FAÇA COM QUE O CLIENTE O INDIQUE: Um cliente bem atendido constantemente é uma força de vendas inigualável. Mas para isso é preciso que sua empresa tenha sistemática, treinamento de equipes técnicas e monitoramento. Se o cliente comprou um carro em uma loja, além de lembrar dele no dia do aniversário, seria importante que ele também fosse lembrado na época da revisão do veículo, do dia do vencimento do seguro, de novas ofertas que podem interessar a esposa dele, se for o caso. Essa agência pode mandar uma pizza para a casa dele sempre que fizer aniversário da compra. Exemplo: "Você

é nosso cliente há cinco anos, por isso mandamos esta pizza para comemorar. Obrigado por nos escolher".

4. CONVIVA MAIS COM SEU CLIENTE: Empresas inteligentes criam momentos para se relacionar com o cliente e formatam eventos para isso. Em vez de convidarem seu cliente para um evento técnico, elas fazem saraus, degustações de vinhos, happy hours etc. Nessas oportunidades não vendem nada, mas passam a morar no coração daquele contato, que dias depois recebe o vendedor dessa empresa e normalmente abre uma nova oportunidade de negócio. Minha mãe me ensinou que: "Amor é convivência".

5. ENUMERE QUANTOS CLIENTES VOCÊ ESQUECEU: É absurdo o número de clientes abandonados e passados para o concorrente por falta de pós-venda. Enumere quantos clientes inativos sua empresa tem. Pergunte-se: será que esses clientes pararam de comprar? Provavelmente pararam de comprar de você, mas estão comprando de outra empresa. Mude esse comportamento controlando melhor sua carteira.

6. TENHA TODOS OS CLIENTES QUE CONSEGUIR SUPORTAR. ATÉ O PÓS-VENDA: É papel do vendedor ter de cuidar do cliente sempre. Mas, devido ao processo de venda e entrega normalmente serem separados, o vendedor sai do circuito e incorre no erro de ter um cliente chateado. Nunca abandone o cliente porque sua carteira está lotada. "Quem abraça muito, pouco aperta!", diz o ditado.

7. NÃO FAÇA CLIENTES, FAÇA AMIGOS: Torne seu dia a dia em vendas mais agradável, fazendo com que as pessoas que compram de você se tornem amigas. Como Bill Porter, um grande vendedor, fez, mas nunca esquecendo de que precisa vender e deve ter paixão por isso.

O QUE FAZER COM CLIENTES INATIVOS?

Existe uma grande fonte de receita para sua empresa que talvez não esteja em foco. O cliente inativo, ou seja, aquele contato que ficou perdido em seu banco de dados, seja porque comprou no passado ou, ainda, aquele que não comprou, mas o vendedor desistiu dele. É preciso qualificar constantemente essa base de clientes, em especial, dedicar um tempo de qualidade para registrar as informações de venda e os motivos da não venda. Um cliente inativo pode ser novamente um cliente ativo se você tiver foco em pós-venda. Empresas que mantêm políticas de relacionamento, fidelização e que treinam seus vendedores para manter contato com clientes antigos vendem mais e com menos esforço. Reflita: é mais fácil conquistar um novo cliente ou vender para alguém com quem já nos relacionamos? É comprovado que um cliente bem atendido, mesmo que não compre há tempos, nos indica outros clientes e funciona como um vendedor de nossa empresa. Quer experimentar? Ligue hoje mesmo para dez clientes inativos, sem a intenção de vender, apenas para dar um alô e perguntar como eles estão, como está o produto vendido ou como eles avaliaram o serviço prestado. Não tenha medo de reclamações, pois, se ouvir alguma, ótimo, é sinal de que esses clientes querem que sua empresa saiba que pode melhorar e que eles ainda querem fazer negócios. Procure se colocar no lugar do seu cliente, isto é, ter empatia, e assuma que uma venda só termina quando o cliente comprar novamente.

3

PROJETO DE VIDA

"É necessário tentar sempre ultrapassar a si mesmo; essa ocupação deve durar tanto quanto a própria vida."

CRISTINA, RAINHA DA SUÉCIA, 1629-1689

A) Assuma a responsabilidade pelo seu sucesso!

Querer atingir o sucesso é o desejo de muitos. Porém, poucos sabem como atingi-lo. Em primeiro lugar, é preciso querer e ter a consciência de que tudo parte do nosso eu interior. Você, e mais ninguém, é o único responsável pelo seu sucesso!

Neste capítulo, apresentarei algumas ferramentas que irão ajudar nessa difícil, porém gratificante, tarefa. Leia o capítulo com a mente aberta, disposto a receber essas informações, e procure realizar todas as atividades propostas. Você verá o resultado!

B) Objetivos do projeto de vida

Após completar este capítulo, você estará apto a:

- trabalhar a sua automotivação;
- ter uma vida mais equilibrada;
- saber elogiar as outras pessoas;
- ter visão e missão de vida;
- definir metas.

C) Automotivação

A motivação é um elemento essencial para o sucesso em vendas. Todos nós sabemos que essa é uma profissão desgastante e que recebemos muitas negativas ao longo do nosso dia, especialmente nas etapas iniciais do aprendizado em vendas. Porém, ainda assim, é preciso, a cada dia pela manhã, esquecer tudo de ruim que aconteceu no dia anterior, encher-se de entusiasmo e sair para vender extremamente motivado!

Muitos autores acreditam que a motivação não pode ser desenvolvida nos seres humanos de maneira externa, ou seja, é impossível motivar alguém. Somente com a própria força de vontade é que alguém pode se sentir motivado. Isso significa que a sua motivação só depende de você, dos seus pensamentos e da sua atitude diante da vida e da profissão.

Você encontrará pelo caminho muitos colegas vendedores que não acreditam na força da palavra "motivação". Porém, se você prestar bastante atenção, perceberá que esses também são os profissionais que não se tornaram bem-sucedidos em vendas e persistem no seu dia a dia sem nenhum entusiasmo.

Em um artigo da revista *Business 2.0*, foram determinadas as três principais qualidades de um profissional bem-sucedido.[1] São elas:

- conhecimento;
- relacionamento;
- persistência.

Motivação e persistência são a mesma coisa? Quase. Na verdade, a combinação de motivação e persistência é o que faz as pessoas não desistirem. Alguns profissionais são o que chamamos de "fogo de palha", ou seja, começam motivados, mas ao encontrarem obstáculos acabam desistindo.

1. Cardoso, Renê Fernando. *Motivação e persistência são coisas diferentes*. Disponível em: <http://www.portaldomarketing.com.br/Artigos/motivacao%20e%20persistencia.htm>.

Por isso, preparei algumas questões para ajudá-lo a desenvolver sua própria motivação, sempre com muita persistência. Isso significa que você deverá refletir cuidadosamente ao responder essas questões. Guarde-as em um lugar próximo de você e as releia sempre que se sentir cansado, esgotado, desmotivado. Elas o ajudarão a recuperar sua motivação!

Em uma das questões, você deverá criar a sua própria frase de automotivação. Decore essa frase e repita-a sempre que possível!

Responda:

Como posso trabalhar e desenvolver minha automotivação?

O que mais me motiva na minha carreira?

O que mais me motiva na minha empresa?

Eu posso ter motivação sobre o meu produto/serviço fazendo o quê?

Minha frase de automotivação (com muito entusiasmo) é: (máximo 15 segundos)

Eu usarei a minha frase de motivação quando:

____

____

____

D) Roda da vida

Esta é uma ferramenta de autoavaliação, para que você pondere sobre diversos aspectos da sua vida. Você deverá atribuir uma nota de 1 a 10 a cada um dos aspectos e assinalar a sua nota na roda da vida, desenhada a seguir.

Os aspectos que você irá avaliar são os seguintes:

1. **Familiar**: como está a sua convivência com a família? Você é uma pessoa participativa? Ou você é daquelas que, quando chega em casa, seu filho pergunta: "Mãe, tem um homem aqui na porta" ou "Pai, tem uma mulher aqui na porta".

2. **Profissional**: como está a sua vida profissional? Você tem obtido sucesso nos negócios?

3. **Saúde**: quando você fez seu último *check-up*? Você tem fôlego, respira bem, vive com pique elevado? Ou está sempre cansado? Sente dores nas costas, pernas etc.? Visita regularmente o médico e o dentista?

4. **Financeira**: como andam as suas finanças pessoais? Você consegue manter uma reserva? Ou acaba com todo o salário na primeira semana e ainda fica devendo?

5. **Educação**: você procura se desenvolver lendo livros, assistindo a palestras e frequentando cursos?

6. **Social**: você costuma se reunir com os amigos e familiares com uma frequência adequada? Você consegue manter suas amizades por muitos anos ou perdeu o contato com todos os antigos colegas?

7. **Espiritual**: como está a sua relação com a espiritualidade? Você preserva alguma crença ou religião? Alimenta o seu lado místico?

8. **Comunidade**: como é o seu relacionamento com os seus vizinhos, companheiros de condomínio e de bairro? Você se envolve em projetos sociais ou desempenha alguma atividade voluntária?

9. **Lazer**: você procura se divertir nos fins de semana, fazendo viagens ou frequentando lugares agradáveis? Há quanto tempo você não vai ao cinema, ao teatro ou a algum show?

10. **Pessoal**: *você* está na sua agenda? Dedica parte do seu tempo para fazer aquilo de que gosta, de foro íntimo, sem se preocupar se tomará tempo demais? Há muitas pessoas que pagam a academia e não vão, ou que gostariam de tocar um instrumento musical e jamais o fazem. Como você se avalia quanto à sua área pessoal?

1	Familiar	6	Social
2	Profissional	7	Espiritual
3	Saúde	8	Comunidade
4	Financeira	9	Lazer
5	Educação	10	Pessoal

Preencha aqui a sua "roda da vida":

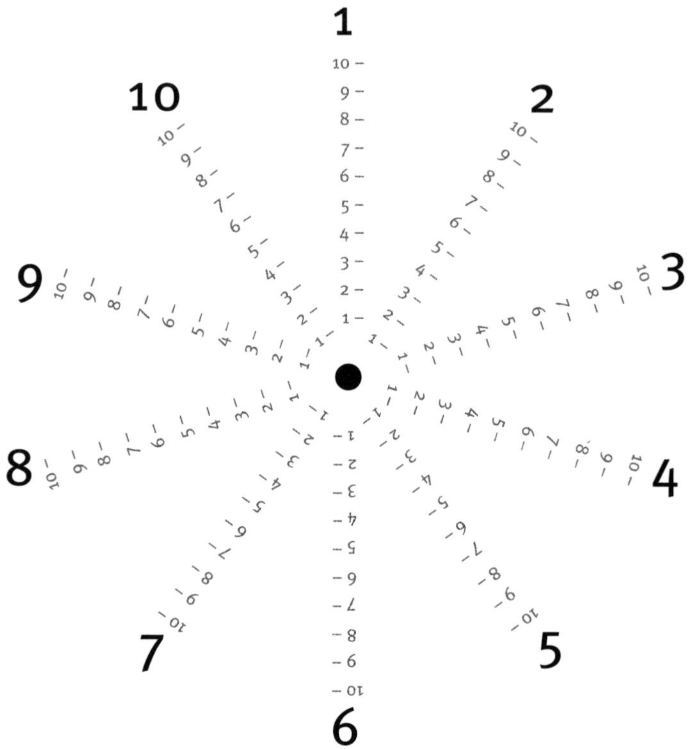

Agora que você já atribuiu as notas a cada um dos aspectos avaliados na "roda da vida", ligue os pontos. Analise o formato dela. Por acaso ela é uniforme? Provavelmente não...

Veja o exemplo a seguir, de uma "roda da vida" em que o formato final não é uniforme.

Exemplo de "roda da vida" irregular:

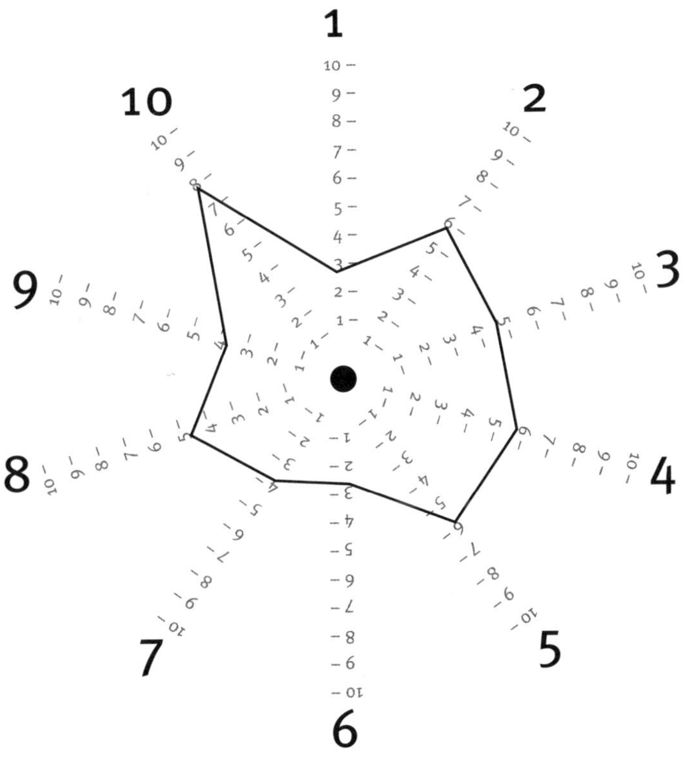

O que acontece com alguém que tem uma "roda da vida" com esse formato? Bem, a vida continua, e a sua roda tem de girar. Ela vai girar com dificuldade, aos trancos e barrancos, não é? Mas aos poucos ela vai ajustando as arestas, as pontas vão se desgastando e você acaba se acomodando em um nível que chamamos de *zona*

de conforto. Esse nível tende a ser muito reduzido, com nenhuma das áreas muito desenvolvidas.

Tomando como exemplo a "roda da vida" anterior, veja a zona de conforto em que essa pessoa acabará se acomodando:

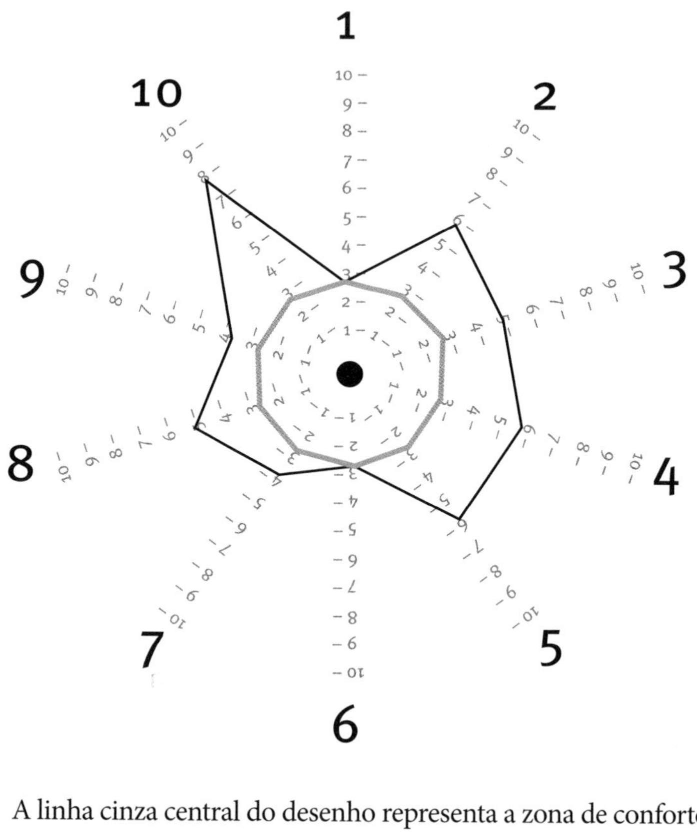

A linha cinza central do desenho representa a zona de conforto.

Volte a analisar a sua "roda da vida", desenhada anteriormente, e responda: como está a sua zona de conforto? O que você precisa fazer para melhorar essa situação?

Preencha as questões a seguir com essas respostas. Primeiro, faça observações sobre a sua "roda da vida": o que mais chama a atenção?

Depois, defina o que realmente precisa ser mudado. Por fim, estipule as ações que você deverá realizar para mudar a sua "roda da vida"!

1 - Observações:

____

____

____

2 - O que eu preciso mudar?

____

____

____

3 - Ação para mudar já!

Área	Ação
Familiar	
Profissional	
Saúde	
Financeira	
Educacional	
Social	
Espiritual	
Comunidade	
Lazer	
Pessoal	

E) Reconhecendo qualidades nas outras pessoas

> "Todo ser humano tem o desejo de ser reconhecido".
>
> WILLIAM SHAKESPEARE

Neste tópico, quero destacar a importância de reconhecer as qualidades dos outros. As pessoas que o cercam são as grandes responsáveis pelo seu sucesso e, assim como você deseja ser reconhecido, elas também gostariam que você percebesse e reconhecesse suas qualidades.

Algumas pessoas não dizem para a sua esposa ou seu marido, mãe ou pai, que os amam, com a desculpa de que não é preciso, eles já sabem disso. Isso não é verdade! Saiba reconhecer e apreciar as qualidades dos outros; assim, você se tornará uma pessoa melhor, fortalecida e querida por todos. Para isso, não economize elogios!

Para que esse processo aconteça de maneira adequada, reflita sobre as duas questões a seguir:

- Como podemos reconhecer as qualidades das pessoas?
- Qual é a melhor maneira de reconhecê-las?

Pense nas pessoas que convivem com você: seus colegas de trabalho, sua família, seus clientes. No que eles se destacam? O que vem à sua mente quando você pensa sobre eles? O que você e os demais admiram nessa pessoa? Se você conseguir reconhecer as qualidades das outras pessoas, o próximo passo é elogiar. As pessoas elogiam muito pouco o próximo, o que torna as convivências frias e distantes. Ou, então, elogiam de forma vaga. Um elogio deve ser sincero, fundamentado, vir do fundo do coração.

O elogio sincero deve ser feito da seguinte maneira:

- Olho no olho – olhe sincera e profundamente nos olhos da pessoa que deseja elogiar.
- Dizer o nome da pessoa – ressaltar o nome do elogiado faz com que o elogio se torne ainda mais intenso.

- Destacar a qualidade – deixe bem clara a qualidade que você está elogiando.
- Dar a evidência – defina em que momento você percebeu essa qualidade, ou quais foram as ações do elogiado que o levaram a concluir que ele possui essa qualidade.

Considere o seguinte exemplo:

Imagine que você deseja elogiar a secretária, Diana, com quem você trabalha na empresa e que o ajuda muito nas tarefas diárias de vendas. Você poderia simplesmente dizer a ela: "Você é muito simpática".

Provavelmente esse elogio não faria nenhum efeito, pois é vago e parece dito da boca para fora, já que você não está apresentando nenhuma evidência para comprová-lo. O que você poderia fazer, tendo um resultado mais interessante, é olhar nos olhos dela e dizer: "Diana, você é uma pessoa muito dedicada. Digo isso porque vejo o quanto você me ajuda diariamente, sempre solícita e atendendo prontamente a tudo que peço. Além disso, muitas vezes você fica trabalhando até mais tarde para deixar tudo organizado, sem que ninguém precise lhe pedir".

Percebeu a diferença? Esse elogio não passará despercebido.

Agora é sua vez de refletir sobre as pessoas com quem convive e planejar os elogios que fará a elas. Anote no quadro a seguir o nome dessas pessoas, a qualidade que deseja elogiar e a evidência que utilizará como prova dessa qualidade. Mas não basta escrever, você deverá realmente exercitar a prática de elogiar bem!

Nome	Qualidade	Evidência

F) Visão/Missão

Todas as empresas estruturadas possuem declarações de visão e missão, que são divulgadas em quadros próximos à entrada da empresa ou dos elevadores, em seus *sites* etc. Com isso, elas desejam que todos saibam quais são seus maiores objetivos, o que as guia cotidianamente, os valores que querem preservar.

Assim como na empresa, sua vida também precisa de uma direção a seguir, de grandes objetivos e valores definidos. Por isso, sugiro que você os defina e os tenha constantemente em mente, pois eles lhe dirão qual o rumo a seguir.

Podemos fazer uma analogia com a história de *Alice no País das Maravilhas*, que você deve conhecer desde criança. Nessa história, em determinado momento, Alice pergunta para o Gato de Botas que caminho deve escolher, e ele responde: "Isso depende de para onde você vai. Afinal, todos os caminhos são válidos para quem não tem para onde ir".

Para a sua vida profissional e pessoal, proponho o mesmo conselho: saiba aonde quer chegar e então escolha o melhor caminho para isso. Visualize seus objetivos, para assim definir a sua rota.

Entenda melhor o que significam a visão e a missão:

Visão

Na empresa: trata-se da definição do espaço e do lugar onde a empresa deseja estar no futuro, sendo muitas vezes determinado quando isso deverá acontecer. Portanto, muitas declarações de visão incluem até mesmo o ano em que o que se pretende deverá ocorrer. O objetivo de uma declaração de visão bem definida é garantir a concentração de esforços na busca das oportunidades futuras da organização, que estão projetadas ali.

Na sua vida: é uma descrição de para onde você está indo e do que você espera encontrar quando chegar lá. Deve ser atraente e excitante. A declaração de visão é o destino.

Missão

Na empresa: deve-se determinar, na missão, uma espécie de objetivo de longo prazo, aonde a empresa quer chegar, qual a razão de sua existência. Por isso mesmo, ela deve ser mantida por um longo período, não devendo ser modificada constantemente, em curtos intervalos, para evitar a perda de foco e de referência da organização. Isso não quer dizer de forma alguma que ela é estática e jamais poderá ser alterada, mas as alterações devem ocorrer apenas em intervalos longos, na forma de ajustes de direção.

Na sua vida: é uma declaração que sintetiza a direção que você quer que sua vida tome no futuro. Uma vez desenvolvida, sua missão servirá como uma força direcionada por trás de seus objetivos pessoais e profissionais.

Veja o exemplo a seguir:

Se você quer ser promovido a diretor da sua empresa (missão), deve pensar como diretor da empresa, agir como tal e ter uma visão de como isso é possível e se imaginar na data (no presente) em que isso está acontecendo:

"Hoje é dia tal (estabeleça uma data completa: dd/mm/aa), estou com minha equipe de vendas, comemorando os excelentes resultados que tivemos no ano que se passou, e me lembro de quando era o contato comercial e me esforcei muito para alcançar metas e apoiar meus colegas e sonhava com uma posição mais elevada nesta empresa. Lembro que precisei ter muito entusiasmo para superar os desafios e, quando pensei em desistir, minha persistência e força de vontade me fizeram vencer. Foi assim que me tornei líder e sempre foquei muito no resultado. Depois de algum tempo, agarrei a oportunidade de gerenciar uma nova equipe de vendas, de uma nova filial de nossa empresa e, depois de alguns anos, cheguei à diretoria. Minha vida pessoal só melhorou, pois meus esforços aqui na empresa, mesmo quando precisei me ausentar do convívio da minha família, foram benéficos para meus filhos e minha(meu) esposa(o), sabendo que hoje eles têm bastante conforto e uma vida muito melhor. Quero conquistar muito mais e sei do potencial de cada um dos meus amigos na empresa, que apoiarei para que se tornem também profissionais bem-sucedidos como eu sou agora."

Termine sua visão com postura de vencedor(a), dizendo a si e para quem puder ouvir esta frase: E este é meu projeto de vida!

Agora é sua vez de definir sua visão e sua missão!

Exercício individual: sua missão e visão

Utilize o espaço a seguir para registrar sua visão e sua missão pessoais.

Sua visão de para onde está indo:

Sua missão pessoal – a direção que você quer que a sua vida tome no futuro:

O valor de uma visão/missão pessoal

Agora que você já definiu sua visão e sua missão, pense em como isso influenciará sua vida e responda:

Como pode uma visão/missão pessoal ajudá-lo a ter uma vida mais plena e recompensadora?

____

____

____

____

____

____

____

____

____

Uma vida mais plena e recompensadora é o que traz o verdadeiro sucesso em vendas. Uma visão/missão bem definidas e colocadas no papel, sendo compartilhadas com outras pessoas, fazem com que se tornem compromisso que queremos e devemos cumprir. De nada adianta ser um sucesso no campo profissional se sua vida pessoal é uma lástima. Será que você seria plenamente feliz?

O sucesso é diferente para cada pessoa, mas posso garantir que uma visão/missão de sucesso, em vendas e na vida, devem conter aspectos pessoais e profissionais. Portanto, reflita verdadeiramente sobre o que é ter sucesso e defina um plano de como atingi-lo, sempre estabelecendo que isso será o seu projeto de vida, com uma visão e uma missão bem definidas, compartilhadas em curto, médio e longo prazo. Isso fará você ter ainda mais motivação e o rumo certo para o seu pleno sucesso em vendas.

Valores pessoais: apoiando sua visão/missão

> *"Se o bem e o mal existem, você pode escolher.*
> *É preciso saber viver..."*
>
> ROBERTO CARLOS

As empresas também definem valores que devem seguir, junto com a missão e a visão. Pense em como você tem agido profissionalmente e quais valores você gostaria de prezar na sua carreira, respondendo:

De que forma minha carreira como um vendedor profissional apoia minha visão/missão de vida?

Meus valores como uma pessoa de vendas/negócios são:

G) Metas

Além de definir a visão, a missão e os valores, você pode seguir outro exemplo empresarial na sua vida: a definição de metas. As metas são objetivos menores, de curto prazo, mas que estão sintonizadas com a visão e a missão. É como se fossem pequenas batalhas, que o ajudarão a vencer a guerra: alcançar sua visão!

Regra de Gerenciamento de Tempo
Planeje seu dia de acordo com suas metas. "Trabalhe" seu dia de acordo com seu plano!

Critérios para metas efetivas

A meta deve ser um desafio estabelecido para você mesmo e perseguido com afinco. A sua meta deve ser:

- possível, na medida em que pode ser alcançada;
- relevante para a missão;
- específica em termos de processos e recursos;
- mensurável em função do objetivo final (numericamente, se possível);
- orientada por tempo, com prazos bem definidos.

Chamaremos as metas que possuem essas cinco características de metas PREMO: são as metas ideais, que você deve procurar estabelecer para a sua vida!

Metas PREMO

Leia cada meta abaixo. Opine para determinar se cada meta satisfaz os critérios PREMO.

Missão
Transformar minha empresa em líder de vendas, com as contas novas e as já existentes.

Meta
Aumentar em 20% as vendas mensais das contas novas, até o final do terceiro quadrimestre, por meio do incremento do número de perspectivas de negócios geradas e avaliadas.
( ) Possível ( ) Relevante
( ) Específica ( ) Mensurável ( ) Orientada por tempo

Missão
Ser visto pelos outros como um amigo ou colega de valor.

Meta
Ser mais sensível às necessidades dos outros com quem eu trabalho.
( ) Possível ( ) Relevante
( ) Específica ( ) Mensurável ( ) Orientada por tempo

Missão
Tornar-se uma autoridade-líder em minha indústria.

Meta
Iniciar um programa educacional com o objetivo de melhorar meu conhecimento de produto nos próximos três meses.
( ) Possível ( ) Relevante
( ) Específica ( ) Mensurável ( ) Orientada por tempo

Missão
Alcançar um alto nível de excelência como um profissional de vendas do futuro.

Meta
Reduzir em 50% o nível de reclamações dos clientes no próximo ano, em comparação com os números do ano passado.
( ) Possível ( ) Relevante
( ) Específica ( ) Mensurável ( ) Orientada por tempo

Estabelecendo metas profissionais

Utilizando a fórmula PREMO, determine as metas que o ajudarão a alcançar sua missão / visão.

Meta nº 1: ( ) Longo prazo ( ) Médio prazo ( ) Curto prazo

(Escolha lembrando-se de que curto prazo é o período até um ano, médio prazo até cinco anos e longo prazo acima disso.)

____

Prazo final para o cumprimento:

____

____

Quais desafios você encontrará:

____

____

Como você superará esses desafios?

____

____

Como você medirá o seu progresso?

____

____

O seu primeiro passo será:

____

____

Repita este processo para as suas outras metas.

Se der para fazer, basta querer e fazer!

H) Caminhos para o projeto de vida

Para melhor definir seu projeto de vida, e com isso alcançar sucesso em vendas, trilhe o caminho a seguir:

- *Prepare sua "roda da vida"*
  Esta ferramenta o ajudará a descobrir quais aspectos da sua vida você precisa melhorar. Mas não basta preencher a "roda da vida" e esquecê-la; é preciso dedicar tempo e afinco para que você melhore a sua *performance* nos aspectos que precisam de maior atenção.

- *Aprenda a elogiar*
  Todos gostam de ser elogiados, inclusive você! Portanto, aprenda a elogiar de maneira marcante e convincente, e as pessoas passarão a vê-lo com outros olhos.

- *Defina sua visão e missão*
  Esta é uma lição das empresas que você pode aplicar na sua própria vida. Consiste no estabelecimento de *aonde* se quer chegar, para a partir daí definir *como* chegar até lá. Um barco perdido no oceano, que não sabe aonde quer chegar, poderá atracar em qualquer porto! Será que é isso que você quer para a sua vida?

- *Siga seus valores pessoais*
  Para fazer tudo o que eu disse (melhorar sua "roda da vida", elogiar, definir missão e visão) é preciso seguir determinados valores pessoais, sempre dentro de um padrão ético e de respeito ao próximo. Defina os valores que você pretende seguir na sua trajetória pessoal e profissional, de forma a deitar tranquilamente a cabeça no travesseiro à noite.

- *Estabeleça metas* PREMO
  Estas são metas atingíveis e objetivas que você deve estabelecer que sejam alcançadas no curto, médio e longo prazo. Defina-as e lute para atingi-las constantemente!

Já que estamos falando de metas Pessoais e Profissionais, quero aqui apresentar um pouco sobre um conceito antigo, mas que tem sido relevante na Gestão de performance e resultados nas maiores empresas do mundo. Você já ouviu falar de OKR? Esta é uma sigla em inglês, que significa *Objectives and Key Results*, ou Objetivos e Resultados-Chave. Podemos aplicá-la em nossas vidas e em especial, em nossas Vendas.

A metodologia dos OKRs é amplamente utilizada por empresas de alto desempenho para alinhar estratégias e acompanhar resultados. Criada na década de 1970 por Andy Grove, da Intel, e popularizada por empresas como Google, Netflix e LinkedIn, essa abordagem vem sendo aplicada em diversas áreas, incluindo vendas, para maximizar a eficiência e a clareza nos objetivos comerciais. Empresas de pequeno, médio e grande porte já estão aderindo aos OKRs, e o método é muito relevante para o acompanhamento e definições de metas de equipes na área comercial.

O que são OKRs? Por que usá-los em vendas?

OKRs são compostos por dois elementos principais:

1. Objective (Objetivo)

É uma meta qualitativa, inspiradora e clara. O objetivo descreve o que você deseja alcançar. Definir o objetivo é o primeiro passo para estruturar os OKRs para a equipe de vendas. Ele deve ser motivador e alinhado à estratégia geral da empresa.

Em vendas, um exemplo de objetivo poderia ser: "Aumentar a presença no mercado regional." Ou então: "Expandir nossa liderança no mercado de tecnologia para pequenas empresas."

2. Key results (Resultados-Chave)

São métricas quantitativas que indicam se você está no caminho certo para atingir o objetivo. Os resultados-chave descrevem como medir o progresso. Definir os key results é o segundo passo para estruturar os OKRs para a equipe de vendas. Eles devem ser específicos, mensuráveis, alcançáveis, relevantes e baseados em tempo (método SMART).

Em vendas, alguns exemplos de resultados-chave poderiam ser:

- Aumentar as vendas regionais em 20% no próximo trimestre.
- Captar 50 novos clientes em mercados estratégicos.
- Fechar parcerias com 10 distribuidores locais.
- Fechar R$ 500.000 em novos contratos no próximo trimestre.
- Realizar 20 reuniões com pequenas empresas no período.
- Alcançar uma taxa de conversão de leads para vendas de 15%.

Se você trabalha com vendas, usar OKRs pode ser um divisor de águas na forma como a equipe atua. Após aplicá-los para garantir alinhamento entre todos — quando cada pessoa sabe exatamente qual é o objetivo principal, fica muito mais fácil remar na mesma direção. Além disso, eles ajudam a manter o foco no que realmente importa, deixando de lado tarefas que só tomam tempo e não geram resultado.

Outro ponto importante é que, com OKRs, você consegue medir o progresso com clareza, o que permite fazer ajustes rápidos sempre que perceber que algo não está saindo como o esperado. E tem mais: esse modelo traz mais transparência para o time. Todo mundo sabe o que está sendo medido, por que está sendo medido e qual o impacto disso nos resultados.

Por fim, vale lembrar que os OKRs também ajudam a desenvolver o senso de responsabilidade (ou, como muita gente chama, accountability). Isso faz com que a equipe se comprometa de verdade com as metas e dê o máximo para alcançar resultados ambiciosos.

Exemplo prático: aplicação de OKRs em vendas

Imagine o seguinte cenário: Uma empresa de software quer aumentar sua base de clientes no segmento de fintechs. Veja a seguir como poderiam ser determinados os OKRs de sua equipe de vendas e as estratégias para atingi-los:

Objetivo:

Dominar o mercado de fintechs no Brasil.

Resultados-chave:

- Realizar 200 reuniões com potenciais clientes em 3 meses.
- Fechar 40 novos contratos até o final do trimestre.
- Aumentar a receita mensal recorrente (MRR) em R$ 1 milhão.

Estratégias para atingir os OKRs:

a) Criar campanhas direcionadas no LinkedIn para atrair leads qualificados.
b) Oferecer demonstrações gratuitas para fintechs selecionadas.
c) Alinhar o time de vendas com scripts personalizados para o setor.

Boas práticas para aplicar OKRs em vendas

Se você quer que os OKRs realmente funcionem na prática, precisa seguir algumas boas práticas. Primeiro, limite a quantidade de objetivos para sua equipe: escolha entre 3 a 5 por ciclo, no máximo. Se você colocar metas demais, o foco se perde e a equipe acaba sem saber o que priorizar.

Depois, defina metas que desafiem, mas que sejam possíveis de alcançar. O objetivo aqui é puxar o time para dar o seu melhor, sem cair no erro de propor algo tão fora da realidade que desmotive toda a equipe.

Outra dica importante: não deixe os OKRs só no papel. Você deve integrá-los ao dia a dia da equipe — use-os como base nas reuniões, nas decisões e no acompanhamento das tarefas. E claro, monitore o progresso com frequência. Avalie os resultados-chave, veja o que está funcionando ou não e faça os ajustes que forem necessários ao longo do caminho.

Sobre o impacto dos OKRs nas vendas, podemos dizer que empresas que adotam esta metodologia relatam benefícios tangíveis, como aumento na eficiência operacional e melhoria na colaboração entre equipes. No mundo das vendas, OKRs ajudam a criar uma cultura de alta performance, onde cada membro da equipe entende sua contribuição para os resultados globais.

Conclusão

Os OKRs são uma ferramenta poderosa para alinhar estratégias, focar nos resultados importantes e medir o progresso de maneira eficiente. Quando aplicados na área de vendas, eles permitem que equipes alcancem metas desafiadoras de forma organizada e transparente.

Se você deseja transformar o desempenho da sua equipe comercial, considere implementar OKRs. Com objetivos claros e resultados-chave bem definidos, sua equipe estará no caminho certo para atingir o sucesso. Aplique a metodologia dos OKRs e turbine a performance do time!

Insights e cases de gestão do relacionamento com clientes para atingir seus objetivos em vendas

A gestão do relacionamento com clientes evoluiu de abordagens tradicionais, centradas em contatos presenciais e telefônicos, para um modelo híbrido que integra estratégias on e off-line. Esse novo cenário exige que gestores adaptem suas operações e utilizem métricas mais sofisticadas para medir o desempenho. Neste item, exploramos como alinhar essas estratégias e quais são os indicadores de desempenho mais relevantes para o sucesso em vendas no contexto atual, com exemplos práticos de empresas que já aplicam essas ferramentas.

A transformação da Gestão de Vendas

A digitalização trouxe mudanças fundamentais para o mercado. Hoje, o consumidor pesquisa, compara e até finaliza sua compra no ambiente digital, enquanto o atendimento presencial ainda desempenha um papel crucial em segmentos como agronegócio, varejo físico e indústrias de bens de capital.

O modelo tradicional, embora impactado pela tecnologia, continua relevante. Negociações presenciais, feiras e visitas a clientes ainda são pilares fundamentais para muitas indústrias. A tecnologia complementa esses esforços com dados e análises.

Um exemplo é a Caterpillar, empresa fabricante de máquinas pesadas, que utiliza relatórios gerados por sensores instalados em seus equipamentos para ajudar os vendedores a apresentar propostas de manutenção e peças sob medida. Isso fortalece as visitas presenciais, aumentando as vendas de serviços pós-venda em 25%.

Por outro lado, no ambiente digital, a jornada do cliente é impulsionada por canais como e-commerce, redes sociais e plataformas de CRM integradas.

Um exemplo é a Sephora, varejista da área de produtos de beleza, que utiliza um sistema de CRM que conecta interações on-line e off-line. Quando um cliente faz uma compra na loja física, ele é automaticamente segmentado para receber ofertas digitais personalizadas com base em seu histórico de compras.

Estratégias integradas: on e off-line

A integração entre os mundos físico e digital é essencial para oferecer uma experiência fluida ao cliente. Algumas estratégias e exemplos práticos incluem:

Omnichannel (Múltiplos canais de relacionamento integrados)

Oferece diferentes possibilidades de interação e permite que os clientes transitem entre canais de forma transparente.

Exemplo: a Decathlon, varejista na área de produtos esportivos, utiliza sua estratégia omnichannel para permitir que os clientes pesquisem produtos on-line, comprem na loja física e optem por retirar na loja ou receber em casa. Essa integração aumenta significativamente a taxa de recompra.

Ferramentas de CRM (Customer Relationship Management)

Plataformas como Salesforce e HubSpot, para citar alguns exemplos, ajudam a centralizar dados de clientes, integrando informações coletadas on-line e off-line.

Exemplo: a Ford implementou o Sales Force integrado para acompanhar leads gerados em eventos e feiras. O sistema distribui os leads para vendedores regionais, permitindo um acompanhamento mais eficiente e personalizado.

Automação de marketing

Sistemas como RD Station e ActiveCampaign permitem que você segmente leads e envie mensagens personalizadas em cada etapa da jornada.

Exemplo: a Renner utiliza automação para enviar alertas de promoções e notificações sobre lançamentos baseados no histórico de compras. Essa estratégia gerou um aumento de 22% na taxa de engajamento em campanhas de e-mail.

Uso de inteligência artificial (IA)

A inteligência artificial pode prever padrões de consumo, sugerir ações para equipes de vendas e até personalizar interações com base em dados históricos.

Exemplo: a Mercado Livre usa IA para recomendar produtos aos clientes com base em seus comportamentos de navegação e compras anteriores, aumentando a taxa de conversão.

Indicadores de desempenho modernos em vendas

Os KPIs (*Key Performance Indicators*) tradicionais, como volume de vendas e número de leads, ainda são importantes, mas não suficientes. No mercado atual, as empresas precisam monitorar métricas mais avançadas, que refletem o impacto de estratégias on e off-line.

Seguem alguns indicadores utilizados para acompanhamento de vendas on-line:

- Taxa de conversão de leads
  Exemplo: a TOTVS rastreia a conversão de leads gerados em eventos digitais, aumentando a taxa em 20%.
- Custo de aquisição de cliente (CAC)
  Exemplo: a iFood utiliza dados de campanhas digitais para otimizar anúncios e reduzir o CAC em 10%.
- Customer lifetime value (CLV) – Valor do cliente ao longo do tempo
  Exemplo: a Netflix usa o CLV para segmentar assinantes e oferecer upgrades personalizados, maximizando o valor gerado.
- Taxa de abandono de carrinho (ou perda de cliente no funil de vendas)
  Exemplo: a Americanas envia alertas por WhatsApp para lembrar clientes de finalizar compras, recuperando 35% das vendas abandonadas.
- Engajamento nas redes sociais
  Exemplo: a Havaianas usa TikTok para criar campanhas que geram mais de 5 milhões de interações, ampliando sua presença digital.

Indicadores de vendas off-line

Também é importante monitorar indicadores para as vendas off-line. Seguem algumas possibilidades de indicadores para este acompanhamento:

- Taxa de fechamento
  Exemplo: a Siemens treinou suas equipes de vendas técnicas para melhorar a taxa de fechamento em grandes projetos, alcançando 30% de crescimento no setor energético.
- Tempo médio de negociação
  Exemplo: a Vale utiliza dados de CRM para prever o ciclo de vendas em negociações internacionais, reduzindo o tempo médio em 15%.
- Ticket médio
  Exemplo: a Toyota implementou estratégias de cross-sell em suas concessionárias, aumentando o ticket médio em 12%.
- Net promoter score (NPS) – satisfação do cliente
  Exemplo: a Airbnb monitora o NPS de anfitriões e hóspedes, ajustando campanhas para melhorar experiências e aumentar a fidelidade.
- Eficiência da equipe de vendas
  Exemplo: a Ambev compara dados de vendas por região para identificar oportunidades de treinamento, aumentando a produtividade das equipes locais.

Conclusão

A gestão de vendas on e off-line exige uma abordagem estratégica, que combine o melhor dos dois mundos. Empresas que integram ferramentas digitais, otimizam suas operações presenciais e monitoram indicadores modernos têm uma vantagem competitiva significativa.

Ao adotar KPIs avançados e alinhar estratégias on e off-line, você estará preparado para atender às demandas do consumidor moderno e alcançar resultados expressivos. Lembre-se: a chave do sucesso está em alinhar dados, tecnologia e uma equipe de vendas bem preparada.

4

APLICANDO O PROCESSO DE VENDAS

"Há dois tipos de pessoa: as que fazem as coisas e as que dizem que fizeram as coisas. Tente ficar no primeiro tipo. Há menos competição."

INDIRA GHANDI

A) A importância de praticar – chegou a hora de colocar em prática os conhecimentos aprendidos

A habilidade de aplicar o que estamos aprendendo é a medida mais importante da leitura deste livro, e esse é o verdadeiro resultado que espero obter. Esta seção lhe dará a oportunidade de demonstrar, por meio da aplicação, o processo de vendas no qual estivemos trabalhando. Da afinidade com o cliente ao fechamento da venda.

Pesquisas mostram que aprendemos muito mais com o que fazemos do que com o que observamos. Nossas habilidades se desenvolvem e se tornam visíveis a outros quando corremos riscos e procuramos sair de nossa zona de conforto.

É importante reconhecer qualidades, tanto nos outros como também em nós mesmos. Nossa habilidade em comunicar aos outros as qualidades que nós observamos neles é uma ferramenta poderosa, que pode criar relacionamentos sólidos e apoiar as pessoas ao nosso redor.

B) Objetivos da aplicação

O principal objetivo deste capítulo é incentivá-lo a aplicar os ensinamentos apreendidos em capítulos e fundamentos anteriores. Além disso, existem alguns objetivos secundários:

- permitir o seu autotreinamento constante;
- estimular a autoavaliação, bem como a avaliação de terceiros, em relação à sua *performance*;
- demonstrar como as diferentes técnicas discutidas ao longo deste livro se complementam e podem ser utilizadas conjuntamente.

C) Orientações para a sua palestra de vendas

O principal autor deste capítulo é você mesmo. Só indicarei os caminhos para que você o escreva. Portanto, imagine que você está participando de um campeonato em que será avaliada a sua *performance* em uma palestra de vendas de no máximo sete minutos.

No primeiro momento, você mesmo deverá avaliar sua palestra, atribuindo notas para o seu desempenho em diversos critérios. Para ajudá-lo nisso, sugiro que grave a sua palestra ou, se possível, filme o seu desempenho. Com isso, será mais fácil conhecer o resultado de sua palestra e definir os pontos a serem melhorados.

No segundo momento, você deverá pedir a ajuda de uma ou mais pessoas. Repita a sua palestra de vendas diante dessa(s) pessoa(s) e peça que elas avaliem o seu desempenho, atribuindo notas para os mesmos critérios anteriores. Não esqueça de orientar a sua audiência de que deverá ser sincera e imparcial, pois este exercício visa à sua melhor capacitação.

Você pode inclusive aplicar este exercício na sua empresa, junto com os seus colegas de trabalho.

As regras para a sua palestra de vendas são as seguintes:

- Utilize 30 segundos para dar uma visão geral sobre quem você é, para quem trabalha e o que pretende vender.

- Use no máximo sete minutos para dar uma demonstração. Oriente a sua audiência a lhe dar *feedback* não verbal durante sua palestra, indicando, por meio de expressões e gestos, o que está pensando sobre a sua apresentação de vendas.

- No Capítulo 2, quando falamos sobre objeções de vendas, você foi instruído a preparar algumas objeções em cartões 3 × 5. Utilize-os agora! No primeiro momento, quando estiver fazendo sua autoavaliação, sorteie aleatoriamente um cartão durante a sua palestra. Quando estiver fazendo a palestra para outras pessoas, peça para sua audiência se colocar no lugar do vendedor e fazer uma dessas objeções durante a sua palestra de vendas.

A seguir, você será orientado sobre como se preparar para a sua palestra de vendas. Para isso, preencha os campos correspondentes.

D) Definindo o cenário para a sua palestra de vendas

Meu nome: ____
Empresa: ____

O produto ou serviço que venderei nessa demonstração é:

____

____

O cliente típico desse produto/serviço é:

____

____

O DNA – desejo nunca aparente – nessa demonstração será:

____

____

A objeção à qual irei responder é:

____

____

E) Plano de preparação para a palestra de vendas

Para se preparar para a sua palestra de vendas, relembre os passos do processo da venda, sobre os quais falamos no Capítulo 2, e então preencha os espaços a seguir, definindo o que você irá dizer em cada uma das fases do processo.

Cliente: ____________________

Desejo nunca aparente: ____________________

1) Afinidade

FADA, MBA – com *rapport*, lembre-se.

____

____

2) Perguntas para despertar interesse

Como é?

____

____

____

Como deveria ser?

____

____

____

O que impede?

____

____

____

O que significaria?

____

____

____

3) Solução

Interesse	Fatos	Benefícios	Aplicações

A evidência que usarei é:

A solução é única porque:

A dramatização que usarei é:

Eu mostrarei um entusiasmo apropriado fazendo:

A objeção a que responderei será:

O desejo nunca aparente (DNA) do cliente nesta demonstração será:

Motivo – Pinte um quadro verbal – a visão de solução – que se ajuste ao desejo nunca aparente do cliente.

Imagine...

Pergunta avaliadora

4) Compromisso – Fechamento

Método a usar para obter compromisso:

Como você fará isso?

Peça uma indicação!

F) Formulário de pontuação

Utilize o formulário a seguir, tanto para se autoavaliar quanto para pedir que sua audiência o avalie. Devem ser atribuídas notas para cada um dos critérios listados, e a pontuação deve seguir os critérios de pontos estabelecidos na segunda coluna.

		Nome							
	PONTUAÇÃO	AUTOAVALIAÇÃO	AVALIADOR 1	AVALIADOR 2	AVALIADOR 3	AVALIADOR 4	AVALIADOR 5	AVALIADOR 6	AVALIADOR 7
FADA Despertador de atenção	10								
MBA	10								
Como é/deveria Barreiras/retorno	10								
Fato/benefício Evidência/aplicação	10								
Resposta à objeção	10								
Visão de solução	5								
Fechamento	10								
Simpatia	5								
Entusiasmo	10								
Credibilidade	5								
Você compraria?	15								
Total	100								

A soma máxima de pontos é 100, e esse deve ser o seu objetivo! Porém, se você não o alcançou ainda, não desanime. Utilize essa experiência para melhorar continuamente, identificando os pontos aos quais você deve dar maior atenção.

5

ENCERRAMENTO/ CONCLUSÕES

"A vida é para quem topa qualquer parada e não para quem para em qualquer topada."

PROF. GRETZ

Entusiasmo: sem ele não existe sucesso

Você já reparou nas pessoas bem-sucedidas na vida, ou ainda, especificamente, com sucesso em vendas? Aquelas pessoas que são consideradas "fora de série"? Lembre-se de algumas dessas pessoas com que você convive ou conhece e procure dizer se elas têm pouco, médio ou muito entusiasmo. Obviamente, é preciso saber o verdadeiro significado da palavra *entusiasmo*, que é de origem grega: *em* (dentro), *tusi* (*teos*, do latim – Deus), *asmo* (sopro), que alguns definem como "Deus dentro de si" ou "sopro divino". Posso concluir que é uma força interior, que se renova diariamente na vida de pessoas de sucesso, que persistem e se automotivam diante de adversidades. Entusiasmo não é simpatia, alegria, felicidade, mas ele provoca isso nas pessoas e, principalmente em vendas, é determinante para que consigamos nos manter fortes diante de negativas, pressões, ansiedades.

É possível criar entusiasmo em si: basta mudar sua atitude diante de um problema ou quando estiver desanimado. Quando lemos jornais, revistas ou vemos qualquer outro canal de notícias do dia a dia, sobre juros altos, crises, catástrofes, miséria, ficamos bem ou mal diante da imensa maioria de notíciais ruins em relação às boas? Se ficamos mal, quando ouvimos uma notícia boa ficamos bem? Sim, é o que a maioria das pessoas responderia a essas perguntas. Mas eu pergunto: quem controla o seu entusiasmo? Se é algo que vem de dentro, você é quem deve agir positivamente e enxergar que existem coisas boas que podemos ter ou criar.

A resposta para se criar entusiasmo é simplesmente *agir* com entusiasmo, mesmo quando não estamos entusiasmados. Isso mesmo, fingir entusiasmo! Nosso corpo e nossa mente logo darão um novo espírito ao nosso dia, à maneira como agimos diante dos problemas e como reagimos às adversidades.

Uma corrente do bem. É assim que eu considero e, sempre que eu ajo com entusiasmo, me torno entusiasta também e as pessoas se contagiam, devolvendo mais e mais positividade. Afinal, ninguém compra um produto, um serviço ou uma ideia de quem age sem vontade de vender.

Na Copa do Mundo de Futebol de 1986, alguém inventou a "ola", aquele vaivém de braços que se erguem consecutivamente. Esse é um bom exemplo de entusiasmo. Imagine o primeiro, o inventor, que teve de contagiar pessoas ao seu lado para que erguessem seus braços depois dele. Isso se multiplicaria até atingir todo o estádio, com centenas de milhares de pessoas. Certamente, foi persistente e entusiasta e deve ter falhado algumas vezes, mas conseguiu pelo simples fato de querer, de estar motivado. Vendas é uma área também crescente, e você pode atingir centenas de milhares de clientes se, a cada dia, tiver em mente que eles comprarão você antes de qualquer coisa, pois o que está à venda a todo o momento é o nosso comportamento, como agimos e somos. Essa é a arte de vender e se relacionar de forma duradoura. Volte a se lembrar daquelas pessoas de sucesso e agora perceba que elas são entusiastas e conseguiram cativar muitas outras pessoas.

DICA DE OURO

O sucesso em vendas só ocorre para quem se lamenta, se queixa, reclama, adia e fracassa.

Lamenta não ter vendido ainda mais.

Se queixa de ter perdido um treinamento de vendas porque estava vendendo.

Reclama quando é feriado ou qualquer dia meio parado.

Adia uma reunião porque o cliente pediu, jamais porque não pode ir.

Fracassa por algumas vezes tentando acertar, mas considera a aprendizagem algo contínuo, e, para nós vendedores do século XXI, fracassar é um estágio dessa aprendizagem, pois só com a experiência de uma venda perdida é que se podem reunir todos os elementos para vencer.

Minha dica de ouro é que você se permita melhorar diariamente e nunca estacione seu conhecimento, seu desenvolvimento e sua capacidade de se renovar.

Nesta nova edição apresentei o SUCESSO EM VENDAS com o que verdadeiramente acredito, aplico e com mais 50 dicas, incluindo esta última, como prova da renovação pela qual passo todos os dias da minha vida: VENDENDO E APRENDENDO!

O que eu desejo a você

Durante anos sonhei em colocar no papel essas ideias, que vinham sendo acumuladas com os acertos e os erros que tive em minha recente história como profissional de vendas. Muitas pessoas me fizeram ter consciência de meu potencial, e, graças a meu esforço pessoal, abrindo mão de muitas coisas em minha vida, conquistei o direito de fazer este livro.

Sinceramente, acredito que ele pode mudar seus resultados e fazer com que se tenha uma visão bem clara da importância do profissional de vendas na empresa, pelo que ele precisa saber, estudar, aprender diariamente, além da necessidade de aplicar sempre novas maneiras de vender para conquistar o mercado de consumidores exigentes em que vivemos. Recentemente, uma grande mulher empreendedora me mostrou sua casa, num condomínio de alto padrão, em minha cidade do coração, São José dos Campos. Ela me disse: "Comprei com comissões na época em que era vendedora". Eu a parabenizei, e ela acrescentou: "Acredito muito em vendas, pois só essa área pode nos dar a verdadeira independência financeira, pois quem trabalha em outras áreas fica escravo do salário e nunca se liberta totalmente".

Eu também tenho uma história de orgulho em vendas e sobre aquilo que conquistei, mas, independentemente das histórias que você ouvir por aí, tenha a certeza de que a história mais importante será a que você pode escrever com seu esforço e no seu ritmo. Ninguém mais do que você pode fazer as coisas acontecer, seus sonhos se realizar. Por isso eu não escrevi apenas sobre técnicas de vendas, mas me preocupei em dar o significado de aplicá-las. Espero que, a partir de agora, você realmente se lembre do seu projeto de vida, olhe diariamente para seus sonhos e aja com entusiasmo.

Eu desejo um caminho de paz, sucesso e prazer para que você, que há muito tempo é vendedor, se renove para ter ainda mais sucesso e para que você, que está iniciando, tome como lição as práticas propostas neste livro, fazendo desta obra um referencial para seu verdadeiro sucesso em vendas.

Para terminar, segue-se uma frase que me acompanha e que eu gosto de repetir sempre:

"A cada dia, a cada hora, a minha venda melhora!"

Referências

BETTGER, Frank. *Do fracasso ao sucesso em vendas*. Rio de Janeiro: Record, 1995.

CARDOSO, Renê Fernando. *Motivação e persistência são coisas diferentes*. Disponível em: https://www.portaldomarketing.com.br/Artigos/Motivacao_e_persistencia_sao_coisas_diferentes.htm. Acesso em: 21 ago. 2025.

CARNEGIE, Dale. *Como fazer amigos e influenciar pessoas*. 51. ed. São Paulo: Companhia Editora Nacional, 2003.

CARNEGIE, Dale; CROM, J. Oliver; CROM, Michael. *Alta performance em vendas: como aumentar as vendas e influenciar clientes*. São Paulo: Best Seller, 2005.

HOPKINS, Tom. *Guia para a excelência em vendas*. Rio de Janeiro: Record, 1996.

MILLER, William "Skip". *Proactive selling: control the process win the sale*. New York: AMACOM (American Management Association).

PRIOR, Robin; O'CONNOR, Joseph. *Sucesso em vendas com PNL*. 2. ed. São Paulo: Summus, 1997.

2025
1 2 3 4 5 6 7 8 9 10